空天电子信息国家级实验教学示范中心系列教材
国家级线上一流课程配套教材

微波电子实验教程

洪　韬　赵京城　编著

北京航空航天大学出版社

内 容 简 介

随着无线通信和物联网技术的兴起，具备微波电路、系统设计相关知识以及微波仪器使用的能力，将成为对所有电子和通信专业人才的基本要求之一。微波专业课程内容理论性强，新概念多且抽象，学生不易理解，而实验课就是帮助学生将学习到的理论和实际直接联系起来的重要桥梁。

本书介绍了常用微波仪器的原理和使用方法，还介绍了混频器、微波放大器、微波振荡器和微波控制电路等微波有源器件关键参数的测量方法。掌握这些原理和方法可为将来从事微波电路工程设计相关研究和工作打下基础。

本书可作为电子专业学生的教材或参考书，也可供从事通信、微波系统设计工作的技术人员参考。

图书在版编目(CIP)数据

微波电子实验教程 / 洪韬，赵京城编著. -- 北京 ：北京航空航天大学出版社，2025.8. -- ISBN 978-7-5124-4830-8

Ⅰ. TN015-33

中国国家版本馆 CIP 数据核字第 20253S679B 号

微波电子实验教程

洪 韬 赵京城 编著

策划编辑 陈守平 责任编辑 王 瑛 李 岛

*

北京航空航天大学出版社出版发行

北京市海淀区学院路 37 号(邮编 100191) http://www.buaapress.com.cn

发行部电话:(010)82317024 传真:(010)82328026

读者信箱: bhrhfs@126.com 邮购电话:(010)82316936

北京建宏印刷有限公司印装 各地书店经销

*

开本:787×1 092 1/16 印张:9.25 字数:237 千字

2025 年 8 月第 1 版 2025 年 8 月第 1 次印刷 印数:1 000 册

ISBN 978-7-5124-4830-8 定价:29.00 元

前　言

微波是指频率为 300 MHz～300 GHz 的电磁波，是分米波、厘米波、毫米波和亚毫米波的统称。除军事应用外，民用场景中最常见的移动通信、Wi-Fi、卫星通信等都是工作在微波频段的，微波不仅深刻改变了人们的生活方式，还创造出巨大规模的市场，并有力推动了互联网、集成电路、软件、云计算、大数据等行业的快速发展。

根据微波专业的特点，从业者需要具备较强的数学和电磁学基础，而且很多能力必须要在实践中培养、锻炼和提高。微波、毫米波专业课程内容理论性强、新概念多且抽象，学生不易理解，开设实验课的目的就是帮助学生将理论知识与实际问题直接联系起来。

本书可作为工科院校微波专业本科高年级学生的专业课教材，也可作为电子类专业研究生的选修课教材。

本书属于专业教材，要求学生已修过“低、高频电路”“电磁场理论”“微波技术”“微波器件与电路”等课程，因此凡涉及有关课程的知识便直接加以引用。

本书的参考学时为 32 学时，也可根据课程的实际学时筛选部分章节进行学习。全书共分为 10 章：第 1 章为绪论，介绍了国内外主流微波仪器及其相关知识；第 2～4 章介绍了示波器、频谱分析仪和矢量网络分析仪 3 种常用微波测量仪器的原理和使用方法；第 5～10 章通过几个实验介绍了微波放大器、混频器、压控振荡器和微波控制器件等主流微波仪器和器件的关键参数测试流程。

本书编写的目的是帮助学生了解微波测量仪器的工作原理和使用方法，明晰各种常用微波半导体器件的关键参数及其测量方法，使相关专业的学生、技术人员具备微波电路基础知识和实验能力，为从事微波技术领域相关工作打下基础。

本书在编写过程中，得到北京航空航天大学微波工程实验室的郭鑫、马睿、王家宝、刘彤等多位硕士研究生的认真审阅和校对，编者对此表示衷心感谢。同时，编写过程中参考了有关教材和著作，作者在此一并表示感谢。

由于作者水平有限，编写时间紧迫，书中难免存在错误或疏漏，希望读者批评指正。

洪　韬

2025 年 1 月

目　录

第1章 绪 论

除了应用于军事领域外，微波技术还有力推动了“智慧城市”“车联网”“远程医疗”“智能电网”等行业的快速发展，创造出巨大规模的市场。随着近年来5G、6G、卫星互联网技术的兴起，具备微波、毫米波通信系统设计及测试能力已成为对所有电子和通信专业人才的基本要求之一。电磁场和微波理论学习中涉及的新概念多且抽象，学生不易理解，而实验课可以帮助学生将学习到的理论和实际直接联系起来，从而更好地掌握相关理论并提升动手能力。

国内外理工科院校一般都开设电磁场、微波技术、微波电路等微波专业课程，与之对应地也会设置教学实验环节，近年来还开展了一系列针对电磁和微波类课程教学及实验实践方面的改革，取得了良好效果[1-6]。国内高校为了满足实验教学需求，设计了各种各样的实验平台。其中，武汉大学的金伟正[7]设计了一种具有移动网络控制功能的短波发射机和接收机设计创新实验，学生通过实验可以理解掌握短波发射机和接收机的工作原理；中山大学的黄彩霞[8]利用微波天线特性实验仪设计了微波传播特性实验，帮助学生深入了解电磁波在实际传播中的客观规律；中国矿业大学的孙彦景[9]设计了一种基于QCA9558芯片、嵌入式系统、无线组网技术和QT技术的无线视频传输系统；哈尔滨工程大学的王辉[10]为高校控制类创新实验课程设计了基于HackRF的无线通信收发系统实验，帮助学生加深对于无线通信及其收发过程的了解，提高学生的创新实践能力；中山大学的刘亮元[11]应用天线理论知识指导仿真设计和优化调试，通过微波仪器和暗室测试天线实物，帮助学生提高天线实验设计和动手操作能力。作者所在教学团队近年来针对微波专业实验教学也开展了一系列研究[12-13]，所设计的实验平台在教学中取得了良好的效果。

微波专业实验教学要想取得良好的效果，离不开教材和微波仪器。首先介绍近年来国内外出版的相关教材。国内出版的教材有北京航空航天大学全绍辉编著的《微波技术基础》、全绍辉和曹红燕编著的《微波技术基础一本通——概要、答疑、题解、实验、自测》；电子科技大学陈会和张玉兴编著的《射频微波电路设计》；西安电子科技大学刘学观和郭辉萍编著的《微波技术与天线(第五版)》；北京邮电大学李秀萍主编的《微波技术基础(第3版)》。国外出版的教材有《微波工程(第3版)》，其作者为(美国)波扎(David M. Pozar)。本书与这些教材的区别在于，更注重培养实验动手能力，第1～4章介绍常用微波仪器及其原理和使用方法，第5～10章围绕常见微波器件关键参数的测试设计了几个实验，以培养学生的实验动手能力，为学生从事微波电路和系统设计工作打下良好的基础。

接下来主要介绍常用微波仪器及其相关知识。

1.1 常用微波仪器介绍

1.1.1 网络分析仪

网络分析仪分为矢量网络分析仪和标量网络分析仪。其中,矢量网络分析仪主要用来测试频率响应、增益、插入损耗、带外抑制、VSWR、S 参数(包括幅值和相位)、阻抗、插入相移、群延时等参数;而标量网络分析仪只能测试上述参数中与相位无关的参数[14]。图 1-1 为网络分析仪实物图。

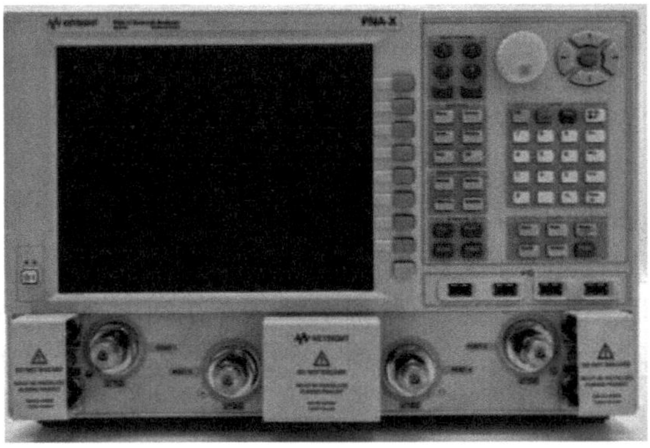

图 1-1 网络分析仪实物图

1.1.2 频谱分析仪

频谱分析仪是研究信号频谱结构的仪器,主要用来分析和测试信号的频谱、相位噪声、杂波以及谐波等。频谱分析仪还可扩展为一种多用途电子测量仪器,其内部若配置数字电路和微处理器,则具有存储和运算功能;若配置标准接口,则可构成自动测试系统[15]。图 1-2 为频谱分析仪实物图。

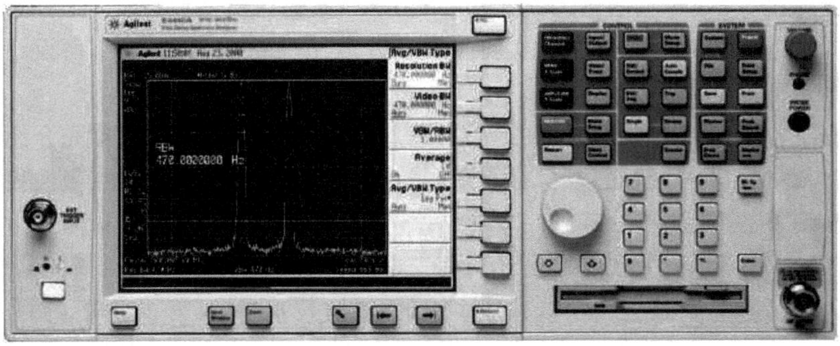

图 1-2 频谱分析仪实物图

1.1.3 信号发生器与噪声系数测试仪

信号发生器是一种能提供各种频率、波形和输出电平信号的仪器，其在测量各种电信系统或电信设备的振幅特性、频率特性、传输特性等电参数以及各种元器件的特性和参数时，可被用作信号源或激励源[16]。图1-3为信号发生器实物图。

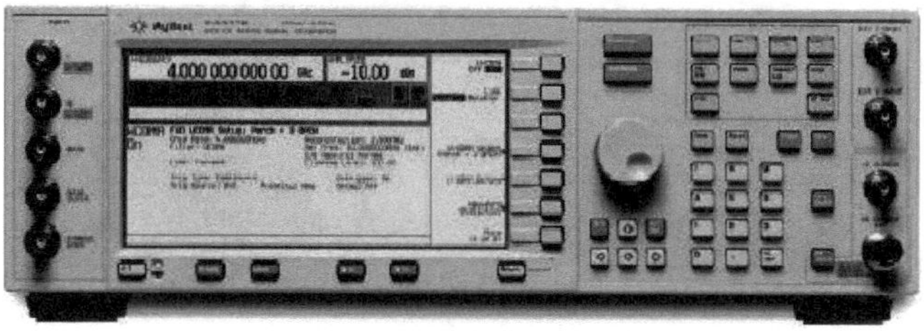

图1-3 信号发生器实物图

噪声系数测试仪是进行噪声系数测试的专用仪器，主要用于频谱分析、相位噪声分析、噪声系数分析等[17]。图1-4为噪声系数测试仪实物图。

图1-4 噪声系数测试仪实物图

1.1.4 功率计与频率计

功率计一般是指在直流和低频技术中测量电功率的仪器，又被称为瓦特计[18]。图1-5为功率计实物图。

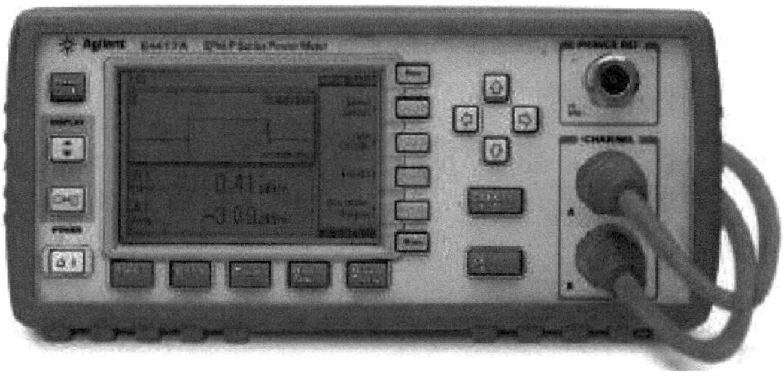

图1-5 功率计实物图

频率计又被称为频率计数器,是一种专门测量信号频率的仪器。频率计主要由4部分构成:时基(T)电路、输入电路、计数显示电路以及控制电路[19]。图1-6为频率计实物图。

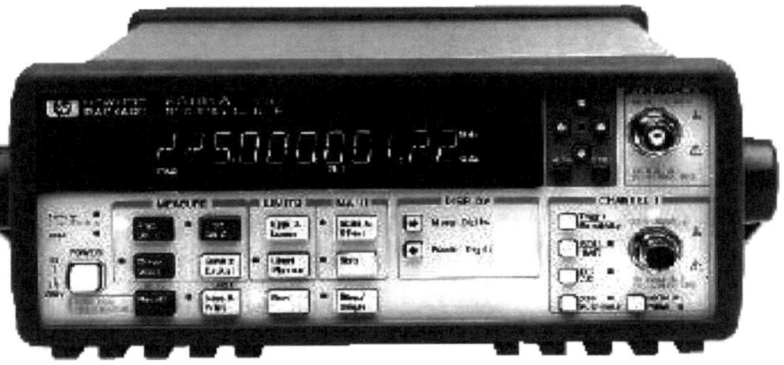

图1-6 频率计实物图

1.1.5 示波器

示波器是一种用途十分广泛的电子测量仪器,其可把肉眼看不见的电信号变换成看得见的图像,便于人们研究各种电现象的变化过程。传统模拟示波器的工作原理:由高速电子组成的狭窄电子束打在涂有荧光物质的屏上时,可产生细小的亮点;在被测信号的作用下,电子束就像一支笔的笔尖,可以在荧光屏上描绘出被测信号瞬时值的变化曲线。利用示波器不仅可以观察各种信号幅度随时间变化的曲线,还可以测试各种信号参数,如电压、电流、频率、相位差、调幅度等[20]。图1-7为示波器实物图。

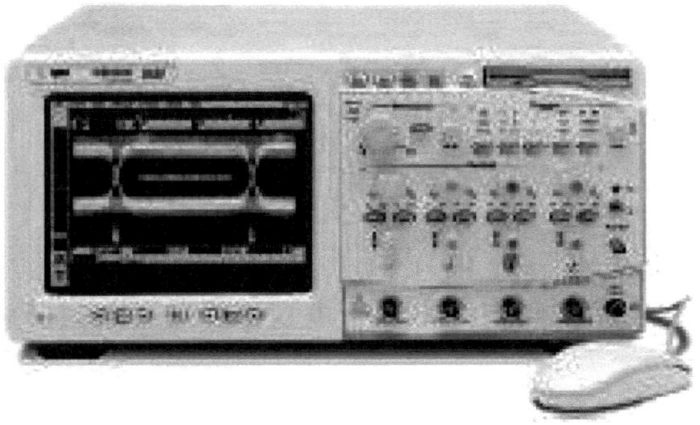

图1-7 示波器实物图

1.2 国内外主流微波仪器厂商介绍

1.2.1 国外厂商

美国惠普公司(Hewlett - Packard)成立于1939年,创始人为William Hewlett和David Packard。1938年,Hewlett、Packard及其斯坦福大学的校友在加利福尼亚州的一个车库里建立了他们的第一个工作场地并创造了第一个产品——电阻电容声频振荡器(型号为HP

200A)，用于测试音响设备。二人后于1999年成立了安捷伦公司(Agilent)，该公司于2015年更名为是德科技(Keysight)。是德科技作为全球领先的电子测量公司，为无线通信、航空航天以及半导体行业提供最先进的测量仪器和技术方案。

德国罗德与施瓦茨公司(R&S)成立于1933年，两位创始人 Lothar Rohde 和 Hermann Schwarz 在德国耶拿大学攻读物理学博士学位期间相识，于1932年共同研制出第一台测量仪器——波长为6～3 600 m 的精度频率计，首次通过一种新开发的用于射频的介电质材料进行了精确的频率测量。公司旗下产品在移动通信、无线电、广播、军事等许多应用领域都发挥了重要作用。

美国力科仪器公司(Teledyne LeCroy)成立于1964年，总部位于美国纽约州栗岭，是一家专业示波器生产厂家，其旗下产品有 SDA 系列数字示波器、混合信号示波器、模块化仪器、任意波形发生器。

美国泰克科技公司(Tektronix)成立于1946年，以生产示波器、逻辑分析仪以及信号源等仪器而闻名。公司创始人 Howard Vollum 在1946年发明了世界上第一台触发式示波器。1972年，美国总统尼克松(Richard Nixon)访华并捐赠了一个带有泰克科技公司设备的卫星地面站，这是中国与泰克科技公司合作的开端。

1.2.2 国内厂商

根据市场数据分析，预计2025年全球射频微波仪器市场规模为270亿元，中国射频微波仪器市场规模为98亿元。中国射频微波仪器市场格局较为集中，电科思仪和成都玖锦在产品性能上处于第一梯队，鼎阳科技、普源精电、创远仪器、优利德等企业位于第二梯队，其他企业处于第三梯队[21]。

中国电子科技集团有限公司第四十一研究所(又名“华东电子测量仪器研究所”)是我国国防科技工业系统中唯一一家专业电子测量仪器研究所。1968年3月，国家在陕西凤县温江寺公社谷家庄南家关兴建第1406研究所(超高频电子器件测试设备研究所)，后来更名为第四十一研究所；2015年，以第四十一所为核心成立中电科仪器仪表有限公司；2017年，公司发布“思仪 Ceyear”品牌；2020年12月31日，公司更名为“中电科思仪科技股份有限公司”。

微波/毫米波测量仪器为中电科思仪科技股份有限公司最核心的产品种类，频率测量范围覆盖从微波、毫米波到太赫兹频段，最高达到1.1 THz。具体产品包括信号发生器、信号/频谱分析仪、矢量网络分析仪、微波功率/频率计、噪声系数分析仪、综合测试仪器等，被广泛应用于通信、工业电子、教育、国防等领域。

1.3 注意事项

1.3.1 微波仪器使用注意事项

微波仪器较为昂贵，一定要按照规定使用。实验前要先认真阅读相关说明，了解实验设备、仪器、仪表的性能、额定值及使用方法，再按照使用手册操作仪器，不懂时须请教指导教师。此外，需要特别注意以下几点。

1. 电　源

微波仪器对电源要求较高，不合适的电源可能烧毁微波仪器，因此要根据仪器使用手册选用直流电源。一般直流电源会有表头显示电压，但是在使用之前也要用万用表测量其输出电压，确保万无一失。常用直流电源都有限流保护功能，应根据实际需求设置合适的限流，目的是在电路中出现短路等不正常状态时保护电路和电源。

微波仪器的电源线要用三相电源线，确保地线接地良好。所有设备、仪器、器件在互连之前，要确保地线共地。可以采用万用表测量互连仪器等地线之间的电阻，一般小于 1 Ω 即表示安全。确保互连仪器等地线共地的原因有以下几点。

(1) 地线不共地会使仪器等之间产生电势差，可能会烧毁微波仪器的输出端口。地线共地则能保证所有接地设备之间无电势差，在保护仪器等的同时保护电路，也不会产生“地回路”。

(2) 公共地线一般也是接大地的地线，仪器外壳接地后可以起到良好的屏蔽作用，进而消除外来信号干扰。

(3) 测量信号时是以线路板上的地线为参考点的，如果仪器的地线与线路板的地线不是同一电位，则测量结果会有误。

2. 静　电

天气干燥时人体容易带静电，因此在使用仪器之前要戴防静电腕带。如果没有腕带，就要先用手触摸中大型金属物体释放静电，如暖气管道、门把手等。静电会带来的危害如下[22]。

(1) 静电使电子设备瞬间电流过大，虽然电子设备会因自我保护机制而关机，并在静电释放完毕后重新启动，但是静电的释放过程会伴随着电磁场的形成，这些电磁场的频率范围很宽，对电子设备内部磁场会产生干扰，进而扰乱电子设备的正常运行。

(2) 静电释放过程中瞬间产生的电压高达几万伏，虽然对人体造不成伤害(电流极小)，但是对于电子设备内部的电子元器件有时却是致命的。一旦击穿电子元器件，就会使设备瘫痪。

(3) 如果电子设备长期受到静电释放的影响，其系统参数和内部电子元器件的寿命也会受到潜移默化的影响。时间一久，设备运行就会出现偏差，甚至不能正常运行。

3. 其他注意事项

确保无静电、地线共地，电源电压正常、各信号线都连接正常后才能开机，保证接线牢靠可避免脱线造成事故。测试完毕后，应首先断开电源，然后不要急于拆线，而是要根据实验要求检查实验无缺漏后再拆线并收拾桌面，将实验中用到的仪器、器件、连接线等归位。

实验过程中，遇到触电及其他事故时，应立即切断电源并及时报告指导教师进行处理。如出现发热、发光、异响、异味等异常现象，也应立即切断电源并报告指导教师检查故障原因。

1.3.2 微波放大器实验注意事项

1. 仪器预热与校准

为准确测量线损及微波放大器输出，实验前须充分预热各仪器，完成预热后对测量仪器(如频谱分析仪)进行校准。

2. 线缆选择

在进行实验的不同部分时须注意使用线缆的一致性，不可选用线损不同的线缆连接仪器，否则会导致实验结果不准确。

3. 信号强度控制

使用前确认频谱分析仪可能接收到信号的强度，可适当地使用衰减器，确保频谱分析仪接收到信号的强度不超出频谱分析仪输入信号强度限制。

4. 1 dB 压缩点测量

在测量 1 dB 压缩点时，需要注意系统输入信号功率是从 −20 dBm 逐步增大至 0 dBm，且需要准确控制和记录输入信号功率，注意信号源输出功率的微小变化。

1.3.3　混频器实验注意事项

1. 仪器校准

混频器实验中，频率测量的准确性至关重要，因此应在实验前对信号源和频谱分析仪进行校准，确保频率测量的准确性。

2. 线损测量

由于线缆损耗会影响混频器性能测量结果，因此在测量前必须先准确测量并记录线损数据，并在后续数据处理中进行校正。

3. 信号强度控制

混频器输入信号的强度需要控制在适当的范围内，避免过载导致的测量失准。具体方式是根据混频器的动态范围合理设置信号源的输出功率。

4. 本振信号稳定性

本振信号的稳定性直接影响混频器性能，因此应确保本振信号源工作稳定，并在实验过程中注意观察是否有可能的干扰源。

5. 1 dB 压缩点测量

在测量 1 dB 压缩点时，需要注意系统输入信号功率是从 −20 dBm 逐步增大至 0 dBm，且需要准确控制和记录输入信号功率，注意信号源输出功率的微小变化。

1.3.4　微波控制器件实验注意事项

1. PIN 二极管偏置条件

由于 PIN 二极管的工作状态受直流偏置影响，因此在实验中需要严格控制偏置电压和电流，确保 PIN 二极管在正常状态下工作。

2. 开关速度

在测量 PIN 二极管作为射频开关时的开关速度时，要考虑信号源和频谱分析仪的响应时间以及 PIN 二极管自身的响应速度。

3. 功率容量

在测量 PIN 二极管的功率容量时，要注意不要超过其最大可承受功率，以免损坏器件。

4. 阻抗匹配

在测量插入损耗和隔离度时，要确保信号源、PIN 二极管和频谱分析仪之间的阻抗相互匹配，避免阻抗相互不匹配导致的测量误差。

1.3.5 压控振荡器实验注意事项

1. 仪器预热与校准

为准确测量线损及压控振荡器输出，实验前须充分预热各仪器，完成预热后对测量仪器（如频谱分析仪）进行校准。

2. 线缆选择

在进行实验的不同部分时须注意使用线缆的一致性，不可选用线损不同的线缆连接仪器，否则会导致实验结果不准确。

3. 信号强度控制

使用前确认频谱分析仪可能接收到的信号强度，可适当地使用衰减器，确保频谱分析仪接收到的信号强度不超出频谱分析仪输入信号强度限制。

4. 信号稳定

在测量压控振荡器输出功率与频率时，须保证输入调谐电压的稳定性，防止输入信号不稳定带来实验误差。

参考文献

[1] POZAR D M. A modern course in microwave engineering[J]. IEEE transactions on education，1990，33(1)：129-134.

[2] HERTLING D R，Feeney R K. RF and microwave design courses at Georgia Tech[J]. IEEE transactions on education，1989，32(4)：430-435.

[3] 葛亚芬，吕昕，陈重. 微波电路与通信系统实验课的探索与实践[C]. //中国电子教育学会高等教育分会 2005 年学术年会论文集. 2005：117-119.

[4] 徐兴，俞龙，王卫星. 微波技术课程实验建设探索[J]. 中国科教创新导刊，2010(7)：167.

[5] 凌丹，王蕾. 现代化“微波电路设计实验”的开发[J]. 实验技术与管理，2007，24(1)：37-40.

[6] 全绍辉，白明，张岩，等. 电磁场与微波技术系列课程及其实验教学体系设计初探[J]. 工业和信息化教育，2016(7)：36-41.

[7] 金伟正，左齐茹仪，李佳，等. 短波发射和接收机设计实验[J]. 实验技术与管理，2019，36(10)：49-53.

[8] 黄彩霞. 微波传播特性实验设计[J]. 物理实验，2015，35(4)：32-33，36.

[9] 孙彦景，马常伟，王艳芬，等. 软硬协同无线通信视频传输实验系统设计[J]. 2019，36(5)：80-83.

[10] 王辉，张晨，于立君，等. 基于 HackRF 无线通信收发系统创新实验项目研究[J]. 实验技术与管理，2019，36(2)：130-133，152.

[11] 刘亮元，陈又鲜. 成果导向教育模式下的天线实验教学设计[J]. 电气电子教学学报，2021，43(3)：142-146.

[12] 刘荣科，洪韬，杨昕欣，等. “电子电路Ⅱ(通信电路原理)”研究型教学实践初探[J]. 工业

和信息化教育,2016(7):54-57,62.
[13] 洪韬,赵京城,刁为民. 微波器件与电路实验课程设计[J]. 教育教学论坛,2015(14):242-243.
[14] 朱伟,韩晓东. 矢量网络分析仪中的电子校准技术[J]. 国外电子测量技术,2010,29(8):20-22.
[15] 梁军. 频谱分析仪原理及应用[D]. 哈尔滨:哈尔滨工业大学,2001.
[16] 李博,李兰兰. 函数信号发生器自动检定/校准系统的开发[J]. 中国计量,2021(11):72-74.
[17] 王哲. 噪声系数测试仪的自动校准测试系统[C]//第十一届全国 VXI 总线与故障诊断技术研讨会论文集. 北京:中国计算机自动测量与控制技术协会,2002:118-121.
[18] 佚名. 功率计[J]. 光机电信息,2002(10):55.
[19] 王凯. 数字频率计[J]. 数字化用户,2016(51):6,34.
[20] 王宏伟. 一种模拟数字存储示波器[J]. 电测与仪表,1990(8):41-42,25.
[21] 智译. 2023 年中国射频微波仪器行业发展现状及投资前景展望报告[EB/OL]. (2023-01-12)[2024-03-13]. https://www. sohu. com/a/628502581_121023892.
[22] 李文峰,王钧丞,静电对电子设备的危害及防护[J]. 信息系统工程,2016(6):95.

第 2 章

示波器

2.1 示波器概述

2.1.1 示波器背景

电子技术在生活中无所不在，每天都有无数人使用电子产品，如手机、电视机和计算机。随着电子技术的进步，这些电子产品的工作速度也变得越来越快。如今，大多数电子产品都采用了高速数字技术，因此工程师需要精确设计和测试他们在高速数字技术中使用电子器件的能力，这就要求他们所使用的仪器必须特别适配高速数字技术的高速和高频特性，而示波器正好可以满足这一要求。示波器是一种功能强大的工具，不仅在设计和测试电子器件方面很有用，在帮助判定系统器件是否正常方面也扮演了极为重要的角色，而且还能帮助确定新设计的电子器件是否能按照预想的方式工作。示波器的功能远比数字万用表强大，因为它可以观察电信号的实际情况。示波器的应用极为广泛，包括手机、计算机、汽车电子生产企业，高校研究实验室以及航空航天、国防产业等。

2.1.2 示波器原理

示波器主要由示波管、Y 轴输入与放大系统、X 轴输入与放大系统、扫描（锯齿波）发生器、触发同步及电源等部分组成。示波管主要包括电子枪、偏转系统和荧光屏 3 部分，如图 2－1 所示。

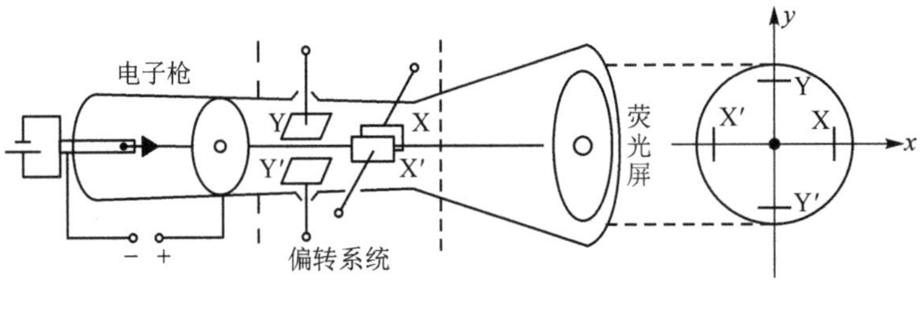

图 2－1　示波管结构简图

示波器波形显示原理如图 2-2 所示。当在垂直偏转板 Y 和 Y′两端加一正弦交流电压时，电子束在荧光屏上形成的亮点将随电压变化在垂直方向（y 轴方向）来回运动，其位置与时间成正弦关系。若提高正弦交流电压的频率，则在荧光屏上出现的是一条竖向直线。当在水平偏转板 X 和 X′两端加锯齿波电压时，电子束在荧光屏上形成的亮点会沿水平方向（x 轴方向）来回移动，其位置与时间成线性关系。若提高锯齿波电压频率，则在荧光屏上将出现一条水平直线。若在水平偏转板两端加一锯齿波电压，垂直偏转板两端加一正弦交流电压，则电子束将受到水平、垂直方向电场的共同作用，电子束在荧光屏上形成亮点的位置将由其在垂直、水平方向上的位置合成，水平方向位置与时间成线性关系，这相当于把时间信号转化为水平方向的位置信号，故在荧光屏上出现的是加在 Y 和 Y′上的待测信号随时间变化的波形。若锯齿波电压与正弦交流电压周期完全相同，或前者是后者的 n 倍，则在荧光屏上会显示出 1 个或 n 个完整正弦波波形。

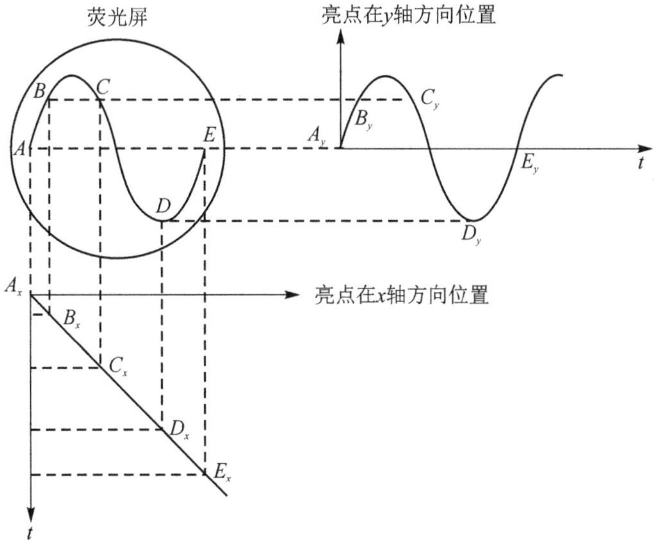

图 2-2　示波器波形显示原理

示波器波形显示原理也可以与沙摆实验作类比：沙漏来回摆动的同时漏出细沙，在纸板上看到的将是一条直线，无法得到沙漏位置随时间变化的图像；若同时沿与该直线垂直方向匀速移动纸板，在纸板上将能看到正弦波图像，这个过程同样是把时间转化为直观的水平方向位置[1]。

根据波形显示原理可知，待测交流信号电压幅度为垂直方向波形所占格数乘以每格所代表的电压，而信号周期为

$$T=\frac{n\text{ 个波形水平方向所占格数}}{\text{完整波形数 }n}\times\text{扫描时间因数}$$

式中：扫描时间因数为 TIME/DIV，单位为 s。

2.1.3　巧妙理解示波器原理

下面通过一道习题详细解释示波器原理[2]。

【习题】

电子运动示意图如图 2-3 所示，热电子由阴极飞出时的初速度忽略不计，电子发射装置的加速电压为 U_0。电容器极板长和极板间距离均为 $L=10$ cm；下极板接地；电容器右端到荧光屏的距离也是 $L=10$ cm。在电容器两极板间接一交变电压，上极板电势随时间变化的图像如图 2-4 所示(每个电子穿过平行板的时间极短，可以认为电压是不变的)。求：

(1) 在 $t=0.06$ s 时，电子打在荧光屏上的何处？

(2) 电子打到荧光屏上的区间有多长？

(3) 荧光屏上的亮点如何移动？

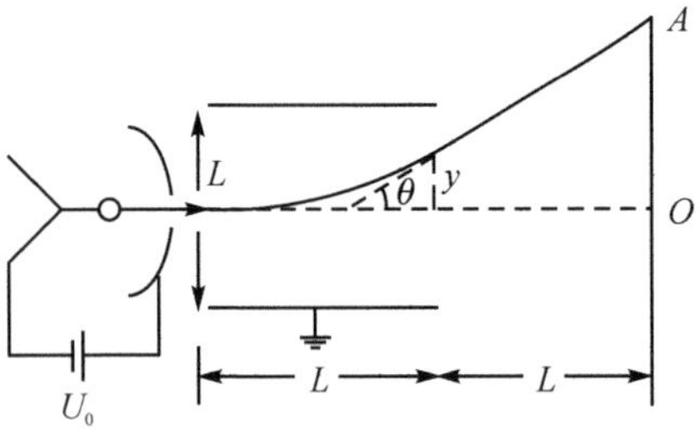

图 2-3　电子运动示意图

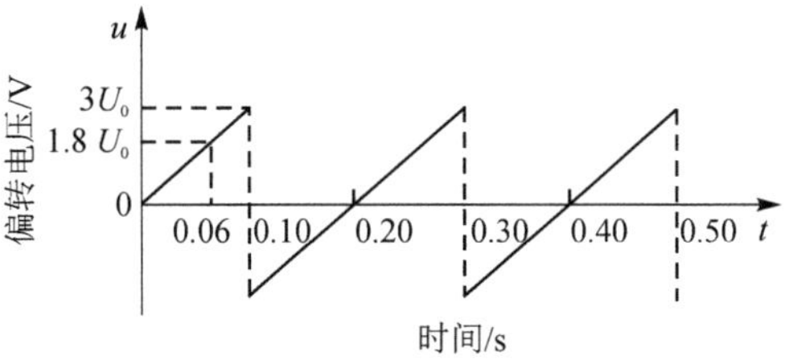

图 2-4　上极板电势随时间变化图像

【解析】

(1) 设电子经加速后进入偏转电场的速度为 v_0，在电场中偏转的距离为 y，偏转的角度为 θ。由图 2-4 可知，当 $t=0.06$ s 时，偏转电压 $u=1.8U_0$，加速时 $eU_0=\frac{1}{2}mv_0^2$(e 为电荷量，$e\approx1.6\times10^{19}$ C)。偏转时 $y=\frac{1}{2}\cdot\frac{ue}{Lm}t^2$，$t=\frac{L}{v_0}$，因此 $y=\frac{1.8L}{4}=0.45L$。电子飞出电容器时垂直方向速度 $v_1=at=\left(\frac{ue}{Lm}\right)\cdot\left(\frac{L}{v_0}\right)=0.9v_0$。电子运动方向与水平方向夹角的正切值 $\tan\theta=\frac{v_1}{v_0}=0.9$。离开电场后电子匀速打到荧光屏上的 A 点，设 OA 的距离为 y_1，由几何关系 $\frac{y_1}{y}=\frac{3L/2}{L/2}$，可得 $y_1=13.5$ cm。

(2) 因 y 与电压成正比，故电压越高，y 越大，即亮点位置越高。同时，电子受极板间距离的限制，电子刚打到极板右边缘时有 $\frac{1}{2}L=\frac{1}{2}\cdot\frac{u'e}{Lm}\left(\frac{L}{v_0}\right)^2$，解得 $u'=2U_0$。可得最高点到 O 点的距离 $y_{\max}=15$ cm，因此电子打到荧光屏上的区间长度为 30 cm。

(3) 由于 $y=\frac{1}{2}\cdot\frac{ue}{Lm}\left(\frac{L}{v_0}\right)^2$，而偏转电压与时间成正比，因此有 $u=kt$(其中 k 为常数)。二式联立有 $y=\frac{1}{2}\cdot\frac{keL^2}{Lmv_0^2}t$，表明荧光屏上的亮点在垂直方向上匀速运动。

电子在偏转电场中时，尽管电压在均匀增大，但由于每个电子穿过平行极板的时间极短，因此可认为电压是不变的，这意味着电子打在荧光屏上的位置是均匀变化的，即亮点匀速运动。若偏转电压的频率够高，则由于视觉暂留和荧光物质的残留特性，我们会看到一条稳定的亮线，这就是示波器的扫描电压(不考虑电压幅值过大使电子打到极板上的情况)。

【拓展】

若"锯齿波"换为 $u=U_{max}\sin\omega t$ 的正弦波，电子打在荧光屏上也会形成一条亮线。亮点在荧光屏上怎样运动呢？由上述分析可知 $y=\frac{uL}{4U_0}=\frac{U_{max}L}{4U_0}\sin\omega t$，即亮点绕 O 点做简谐运动。接下来根据示波器原理分析示波器是怎样工作的。示波器原理图如图 2-5 所示。

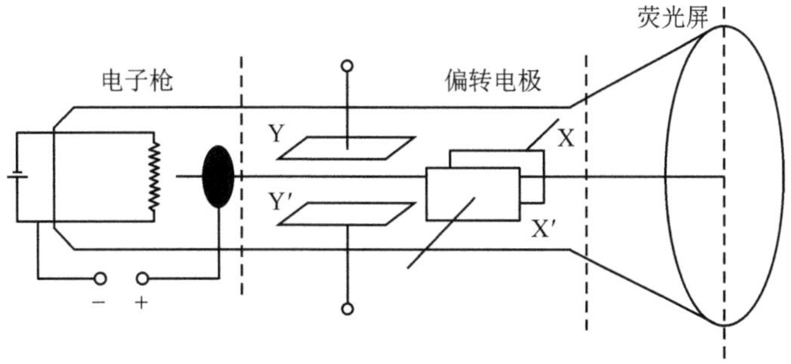

图 2-5 示波器原理图

图 2-5 中，偏转电极 YY′两端输入正弦交流电压 $u=U_{max}\sin\omega t$，使荧光屏上亮点在垂直方向上移动，变化规律为 $y=y_{max}\sin\omega t$，即亮点在垂直方向上做简谐运动。当电压变化很快时，亮点移动很快，由于视觉暂留和荧光物质的残留特性，亮点就变成了一条垂直的亮线。偏转电极 XX′两端输入锯齿波电压，亮点在水平方向上将从荧光屏的一侧匀速运动到另一侧，然后迅速返回原处，再匀速移向另一侧，如此反复，进行扫描。这样，某一电子在垂直方向上偏转的同时，也在水平方向上匀速移动，即 $y=y_{max}\sin\omega t$，而 $x=kt$，因此 $y=y_{max}\sin\frac{\omega}{k}x$，可知亮点按正弦规律变化，若输入电压与扫描电压的周期相同，荧光屏上将显示输入电压随时间变化的图像。

在理解示波器显示的波形时，学生很容易将其与用沙摆得到振动图像的方法相比较，而陷入寻找扫描电压的困惑。用沙摆得到振动图像的方法是：给出一垂直于振动方向匀速运动的参考系使振动的沙摆在二维空间中描下印迹，而示波器是让电子参与两种运动从而在荧光屏上留下点迹，大量电子依次留下点迹，加上视觉暂留和荧光物质的残留特性，使人们看到了输入电压随时间变化的图像。还要注意一个重要的近似：每个电子穿过平行极板的时间极短，可以认为在这一过程中电压是不变的。

2.1.4 李萨如图形观测

当在 XX′和 YY′同时输入正弦交流电压时，电子束同时受到 x 向和 y 向电场的作用，电子在荧光屏上形成亮点的轨迹是由相互垂直的两个简谐运动合成的，其图像称为李萨如图形，它与两正弦交流电压频率之比有关。常见李萨如图形及其参数如表 2-1 所列，表中，f_y、f_x 为 YY′、XX′两端正弦交流电压的频率，N_x 为图形与水平线相切的切点数，N_y 为图形与垂直线相切的切点数，观察规律有

$$\frac{f_y}{f_x}=\frac{N_x}{N_y}$$

表 2－1　常见李萨如图形及其参数

李萨如图形				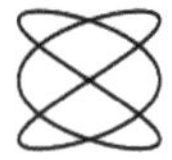	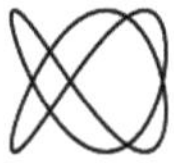	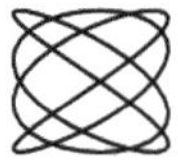	
f_y∶f_x	1∶1	1∶2	1∶3	2∶3	3∶2	3∶4	2∶1
N_x	1	1	1	2	3	3	2
N_y	1	2	3	3	2	4	1
f_y/Hz	100	100	100	100	300	300	200
f_x/Hz	100	200	300	150	200	400	100

现以一个例子来解释分析，如上表中 f_y∶f_x＝2∶3 这一列，从图形上一点开始运动回到初始点经过的时间为 t，观测发现在 x 方向上经过了 3 次周期运动，出现 3 次最大值，与垂直线切点数 $N_y=3$；在 y 方向上经过了 2 次周期运动，出现 2 次最大值，与水平线切点数$N_x=2$，故

$$\begin{cases} t=N_yT_x \\ t=N_xT_y \end{cases} \tag{2-1}$$

T_x、T_y 分别为 x、y 方向电压的周期，所以有

$$\frac{f_y}{f_x}=\frac{N_x}{N_y}=\frac{2}{3} \tag{2-2}$$

因此，可以作与水平线、垂直线分别与李萨如图形相切，通过观察分别有几个切点就可以得到 x，y 方向输入电压频率之比。若已知其中一个方向上电压的频率，则立即可以知道另一个方向上电压的频率。

2.1.5　示波器主要应用场景

示波器的主要应用场景如下：

① 波形观察与基本波形参数测量；

② 电路诊断与异常信号捕获的高级分析；

③ 数学运算（加减、积分、微分、FFT、滤波、用户自定义功能等）；

④ 时钟恢复与眼图测试、高级抖动分析与测量；

⑤ 串行通信信号的捕捉与解码（I2C、SPI、CAN、USB 等）；

⑥ 超宽带信号的调制域分析（UWB、雷达等）；

⑦ 标准数字总线和接口的一致性测试等。

2.2　被测对象与测试参数

2.2.1　电信号

示波器的主要用途是显示电信号波形。通过观察示波器上显示的电信号波形，可以确定电子系统中某个元器件是否正常工作。因此，欲了解示波器的工作方式，必须先了解电信号的基本定义。

电信号会以波形或脉冲的形式出现。波形是指电信号的形状或图像，其可以提供许多有关电信号的信息，如电压是否突然发生改变、是否呈线性变化或保持不变。标准的波形有很多种，本小节仅介绍最常遇到的几种[3-4]。

1. 正弦波

图 2－6 为正弦波波形。正弦波通常与交流（AC）电源有关，如屋内的电源。正弦波的幅值并非恒定，如果幅值会随时间不断下降，就称这种正弦波为阻尼正弦波。

2. 方　波

图 2－7 为方波波形。方波会在两个不同的值之间周期性地跳动，因此高点和低点部分的宽度相等。矩形波与方波的不同之处在于，前者波形的高度与宽度并不相等。

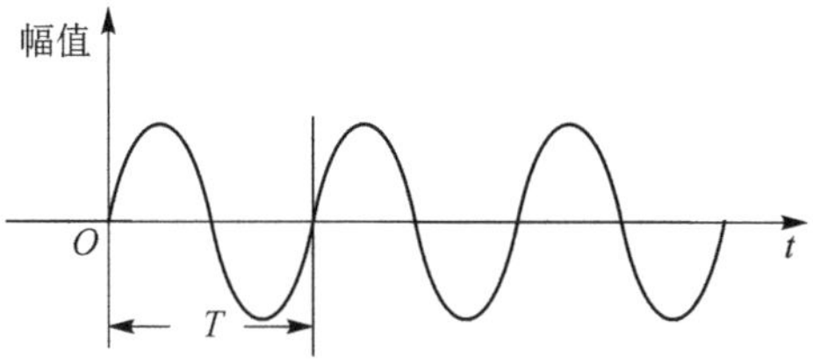

图 2－6　正弦波波形

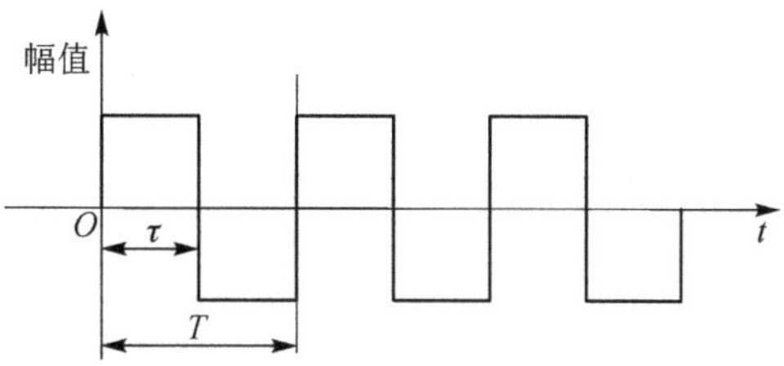

图 2－7　方波波形

3. 三角波与锯齿波

图 2－8 为三角波波形，图 2－9 为锯齿波波形。三角波信号的电压会随着时间呈线性变化，其边沿称为斜波，这是因为其波形会斜升或斜降到某个电压。由于锯齿波信号前面和后面的边沿会随着时间产生线性的电压响应，因此看起来与三角波类似，但后面的边沿几乎是立即下降的。

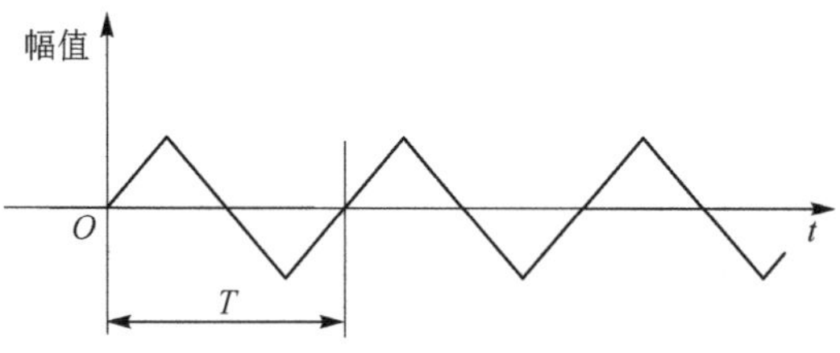

图 2－8　三角波波形

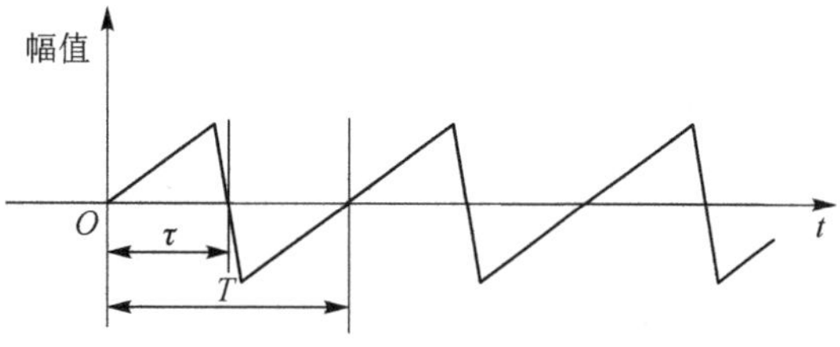

图 2－9　锯齿波波形

4. 脉　冲

脉冲是指突然出现在固定电压中后又突然消失的干扰，就像在一个房间中突然打开电灯，然后迅速熄灭电灯的情形。一连串的脉冲被称为脉冲串，延续前面的比喻，这就好比不断重复快速开灯与关灯的动作。脉冲在信号波形中的常见状态是毛刺或错误波形。如果信号只传送一条信息，那么脉冲也可看作一个波形。

5. 复合波

复合波是由多种波混合而成的，它们的波形不一定要具备周期性，而且可以是非常复杂的。

2.2.2 常规测试参数

1. 幅 度

在工程应用中经常使用的幅度主要有两种：第一种称为峰值幅度，定义为干扰信号的最大位移量；第二种是均方根(RMS)幅度。要计算波形的 RMS 幅度，必须将波形上的电压值进行平方后求出平均值，然后再求其平方根。

对正弦波来说，RMS 幅度等于峰值幅度的 0.707 倍，如图 2－10 所示。

2. 相 移

相移是指两个相同条件波形之间的水平位移量，以度(°)或弧度(rad)为单位。例如，正弦波的周期为 360°，因此如果两个正弦波相差 1/2 个周期，那么它们的相移就是 180°。

3. 周 期

周期是指波形重复出现一次所花费的时间，以秒(s)为单位，如图 2－11 所示。

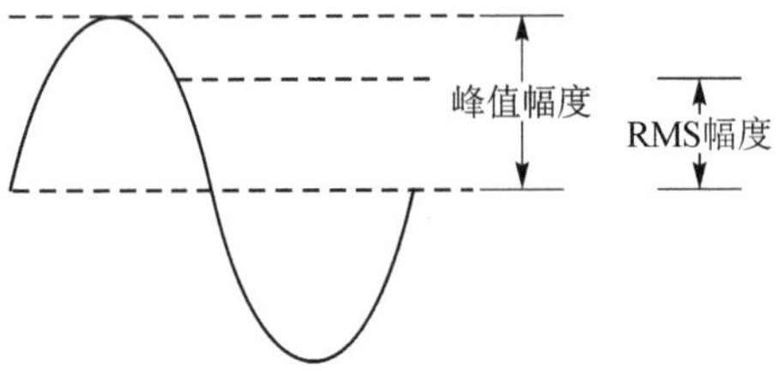

图 2－10 正弦波峰值幅度和 RMS 幅度

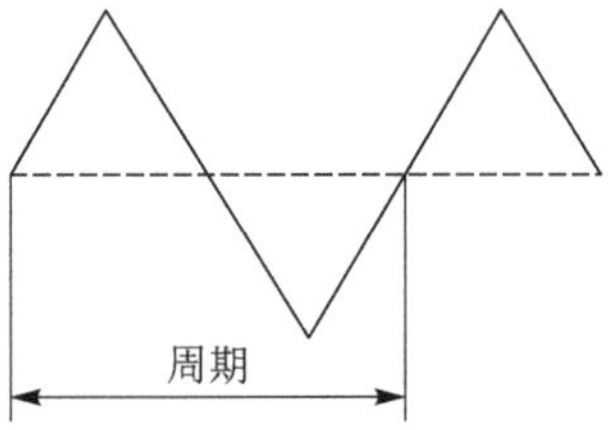

图 2－11 三角波的周期

4. 频 率

频率是指波形在一秒内重复出现的次数，以 Hz 为单位。每个周期性波形都有一个频率，其频率与周期互为倒数。

5. 眼 图

在观察数字信号时，利用示波器的余辉功能可将扫描所得的每一个码元波形重叠在一起，从而形成眼图，如图 2－12 所示。从眼图上可以观察出码间串扰和噪声的影响，从而评估基带传输系统性能优劣。

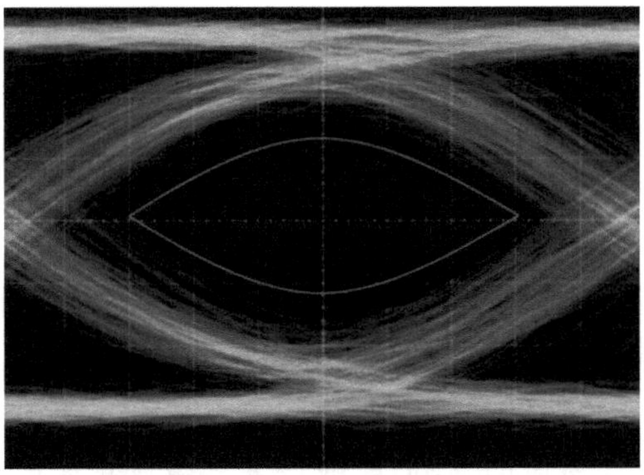

图 2－12 数字信号的眼图

2.3　示波器的电路组成及使用方法

本节将介绍示波器的硬件结构。要想掌握示波器的工作原理,理解和熟悉其硬件结构是关键。

2.3.1　示波器电路组成

示波器一般是采用单枪示波管并依据示波器基本显示原理制成的,它能把肉眼无法直接看到的信号转换成能直接观察的波形,并具体地显示在示波管荧光屏上,以便人们对信号进行定性和定量观测。在电视、广播、雷达、导航、自动控制、计算技术、宇宙飞行和核物理等现代科学技术领域中,示波器已成为一种主要的测量仪器。

示波器通常由垂直系统(主要包括垂直放大器)、水平系统(主要包括扫描电路和水平放大器)和显示电路(主要包括示波管)等部分组成,其基本框图如图 2-13 所示。

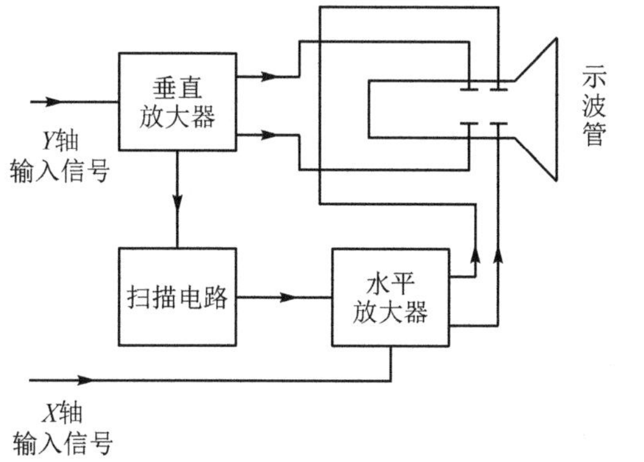

图 2-13　示波器结构基本框图

垂直放大器将被测信号放大后送到示波管垂直偏转板,使亮点在垂直方向上随被测信号的变化产生移动。扫描电路产生用作时基信号的锯齿波信号,其经水平放大器放大后送到示波管水平偏转板。由于被测信号的电压是随时间变化的,因此在垂直方向上加被测信号,同时在水平方向上加时基信号,两者合成即可使电子束在荧光屏上描绘出电压随时间变化的规律,即电压波形。

1. 单踪单时基示波器

图 2-14 为单踪单时基示波器框图,其电路组成一般分为以下 3 部分。

① 垂直系统:从 Y 轴输入端起,经输入电路、Y 轴前置放大器、延迟线、Y 轴后置放大器到示波管垂直偏转板。

② 水平系统:从触发输入端起,经触发电路、扫描电路、水平放大器到示波管水平偏转板,其中触发电路和扫描电路共同组成时基电路。

③ 主机:包括示波管、高低压电源、增辉电路、调辉电路及校准信号电路等。

为便于掌握单踪单时基示波器的工作原理,表 2-2 中列出各部分电路名称与作用。

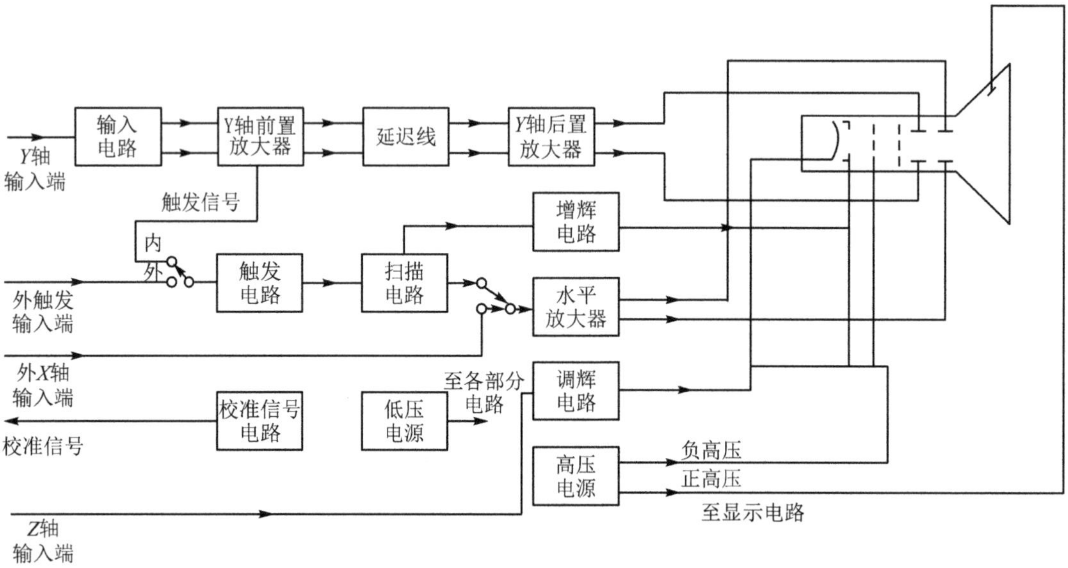

图 2-14　单踪单时基示波器框图

表 2-2　各部分电路名称与作用

名　称	作　用
主　机	示波器中除垂直系统和水平系统外的部分统称主机，其主要作用是提供各部分电路所需的各种电压(包括显示电路用高压)以及测试所必需的辅助电路
低压电源	给各部分电路供给稳定的低压
高压电源	给显示电路供给高压，且具有辉度、聚焦和辅助聚焦调节等控制作用
校准信号电路	一种装在示波器内部的标准信号源，用来产生特定幅度和频率的校准信号，可以是方波、正弦波或脉冲波，从而对灵敏度、扫描时间因数和探极进行校准
增辉电路	产生增辉脉冲的电路，它能使荧光屏上显示的波形只在扫描正程期间增加辉度，以保证清晰地显示被测信号波形
调辉电路	将外调制信号或校准用的时标信号加到示波管控制栅极或阴极，使荧光屏上显示波形的辉度发生相应变化，该过程也称为 Z 轴调制
垂直系统	馈入被测信号的主要通道。将 Y 轴输入信号放大或衰减到一定幅度后，输出推挽信号，加到垂直偏转板上，使亮点在荧光屏垂直方向上按输入信号幅度移动
输入电路	具有输入耦合方式。高输入电阻和低输入电容，能适应 Y 轴输入信号的宽广动态范围，并将 Y 轴单端输入信号转换成推挽输出信号。具有灵敏度粗调、直流平衡调节等作用
Y 轴前置放大器	将 Y 轴输入信号适当放大，并从中取出内触发信号。具有灵敏度微调、灵敏度校准、Y 轴位移等控制作用
延迟线	一种具有延迟时间特性的传输线，作用是给予 Y 轴信号一定的延迟，以抵消水平系统引入的延迟，避免 Y 轴信号在扫描开始前到达垂直偏转板
Y 轴后置放大器	将推挽信号放大到足够幅度后加到垂直偏转板上，使亮点在荧光屏垂直方向上按信号幅度移动

续表 2-2

名　称	作　用
水平系统	对应于触发输入信号上一定的电平点，生成随时间线性变化的扫描电压，放大到足够幅度后，输出推挽信号并加到水平偏转板上，使亮点在荧光屏水平方向上达到满偏转
触发电路	将不同参数的触发输入信号转换成幅度固定的触发脉冲，具有触发电平调节、触发极性转换、触发源选择、耦合方式选择、触发方式选择等作用
扫描电路	在触发电路输出的触发脉冲作用下，生成随时间线性变化的扫描电压和增辉脉冲，具有扫描时间因数粗调、扫描时间因数微调、稳定度调节等作用
水平放大器	将扫描电压放大到足够幅度，输出推挽信号并加到水平偏转板上，使亮点在荧光屏水平方向上达到满偏转。具有 X 轴位移、扫描信号扩展、扫描时间因数校准等作用

2. 双踪单时基示波器

在实验中有时需要同时观测两个信号的波形（如观测某电路的输入与输出信号波形），可用两种方法实现。

第一种方法是采用由双枪示波管构成的双线单时基示波器。这种示波器的电路结构与单踪单时基示波器相似，只是具有两套独立的垂直系统，可使两束电子射到同一荧光屏上形成两条点迹，在荧光屏上同时显示出两个波形。

双线单时基示波器的主要优点是可以观测两个同时出现的快速单次信号。其缺点是需要特殊的示波管，要增加一套垂直系统，容易造成浪费，毕竟同时观测两个信号波形的情况比观测一个信号波形的情况要少得多，因此其中一个电子枪和一套垂直系统经常是多余的。

第二种方法是采用应用了电子开关能同时显示两个被测信号波形的双踪单时基示波器。这种示波器电路结构与单踪单时基示波器也相似，只是多了一个电子开关，并且有两套输入电路和 Y 轴前置放大器。电子开关的工作方式可分为交替和断续两种。所谓交替工作方式，就是把两个输入信号的波形轮流地显示在荧光屏上。当扫描电路第一次扫描时，显示出第一个波形；第二次扫描时，显示出第二个波形。以后的各次扫描，都是交替显示这两个被测信号波形。由于交替显示速度很快，因此当前一个波形还没有消失时，后一个波形已显示，这样肉眼所看到的似乎是两个波形一直显示在荧光屏上。所谓断续工作方式，就是在一次扫描的第一个瞬间显示出第一个被测信号波形的某一段，在第二个瞬间显示出第二个被测信号波形的某一段。以后的各个瞬间，轮流显示出这两个被测信号波形的其余各段。经过若干次断续转换过程，荧光屏上就可显示两个完整的波形。由于断续转换频率很高，因此显示的亮点靠得很近，肉眼看到的波形就仍然是连续的。为了削弱电子开关噪声对显示波形的影响，电子开关应工作在较高的信号电平上，因此通常都将电子开关放在 Y 轴前置放大器的后面。

与双线单时基示波器相比，双踪单时基示波器的缺点主要是不适用于观测两个同时出现的快速单次信号，因为不管是交替工作方式还是断续工作方式，所显示的波形实际上都是不连续的。然而，双踪单时基示波器不需要构造复杂的双枪示波管，也不需增设一套垂直系统，相比于双线单时基示波器在整机尺寸、质量和耗电量方面都有显著减小，因此通常情况下都广泛使用双踪单时基示波器。

表 2-3 中列出双踪单时基示波器中增加部分电路的的名称和作用。

表 2-3 增加部分电路的名称和作用

名 称	作 用
Y 轴电子开关	是用单束示波管显示两个被测信号时所采用的电子转换装置，用于控制 Y_A 和 Y_B 两前置放大器的工作状态，使屏幕上显示所需波形，具有控制 Y 轴工作方式的作用
内触发放大器	对内触发信号进行适当放大，调整输出端直流电平，以匹配触发电路输入端的电平。具有内触发源选择的控制作用

3. 双时基示波器

对于简单的周期重复信号，因其每个周期的波形都有同样的电参数，故任意观测一个周期波形所获得的数据，足以描述整个信号，因此利用一个扫描时间因数可变的单时基系统即能满足波形观测需要。同时，为了完整观测脉冲上升时间和下降时间，需要在垂直系统中接入延迟线，以抵消时基电路引入的延迟。

脉冲与数字技术的飞速发展，尤其是数字计算机的广泛应用，对示波器提出观测复杂周期信号的性能要求，如观测数字计算机的数字运算和信息存储、编码通信、电视信号等。这些信号具有一个共同特点，就是用一个特定频率的信号作为控制脉冲(如电视信号中的同步脉冲)，在其一个周期内生成承载各种信息的电信号。这些电信号既可以是重复的，如图 2-15(a)所示；也可以是非重复的，如图 2-15(b)所示。

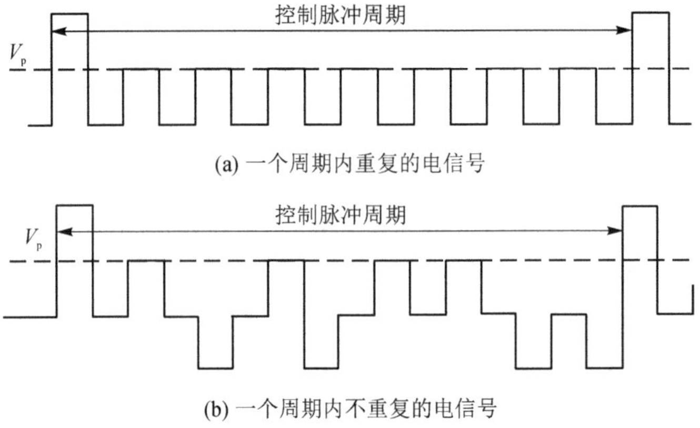

图 2-15 复杂周期信号

如果利用单时基示波器观测这种信号，就必须把触发电路的触发电平设定在高于 V_p 的范围内。这样，对于离控制脉冲很近的电信号，可用较小扫描时间因数扫描，以便较详细地观测该电信号的时间参数；对于离控制脉冲较远的电信号，必须用较大扫描时间因数才能观测到，因此该电信号波形在屏幕上显示得很拥挤，以致无法观测波形细节。为了解决上述问题，通常采用两种办法。

办法之一是使用扫描扩展，即可将离控制脉冲较远的电信号移到水平轴居中位置，再用扩展显示。但这种办法通常只能将波形扩展 10 倍，继续提高扩展倍数会给水平放大器设计带来很大困难。

办法之二是采用具有被延迟扫描的双时基示波器，其设计思想是：首先用单时基系统产生第一扫描（主扫描 A），将 A 扫描电压送入一个电压比较器，当 A 扫描电压上升到某值时，便与比较电压作用产生延迟触发脉冲；然后通过控制比较电压，便可改变延迟触发脉冲的延迟时间，使其在靠近所需观测电信号的位置上产生，并由该延迟触发脉冲启动第二扫描（被延迟扫描 B）；最后，就可以用较小扫描时间因数在整个屏幕上显示所需观测波形的细节。两个扫描之间的延迟时间可按需要人为控制。波形扩展倍数为两个扫描的扫描时间因数之比。图 2－16 为双时基示波器波形图。

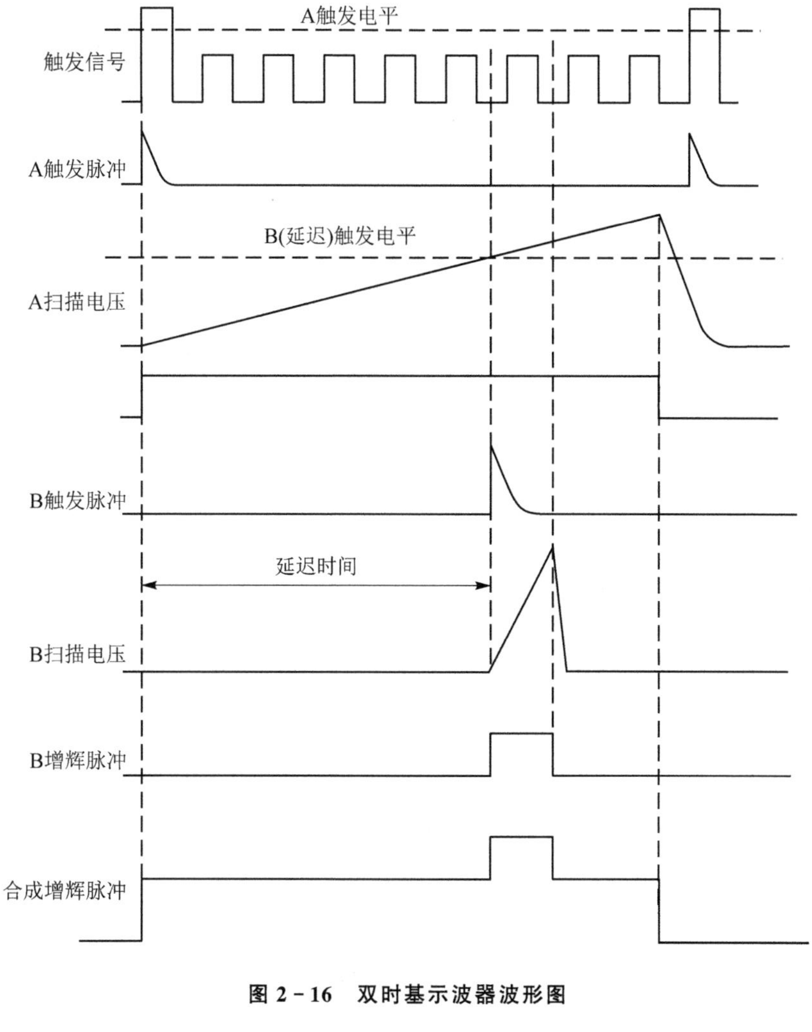

图 2－16　双时基示波器波形图

由图 2－16 可见，主扫描 A 的作用之一是显示电信号全貌（采用较大扫描时间因数）；作用之二是产生延迟触发脉冲。被延迟扫描 B 是经一定延迟时间后产生的扫描，主要用来观测波形的细节部分（采用较小扫描时间因数）。为了显示被延迟扫描 B 在主扫描 A 时间轴上所处的位置，把被延迟扫描 B 增辉脉冲叠加在主扫描 A 增辉脉冲上，产生合成增辉脉冲，以便用不同辉度比显示出来。

通常，双时基示波器具有3种 X 轴工作方式：①产生主扫描A；②用被延迟扫描B加亮主扫描A(B加亮A)；③用主扫描A产生被延迟扫描B(A延迟B)。对应于图2-16情况的3种工作方式如图2-17所示。

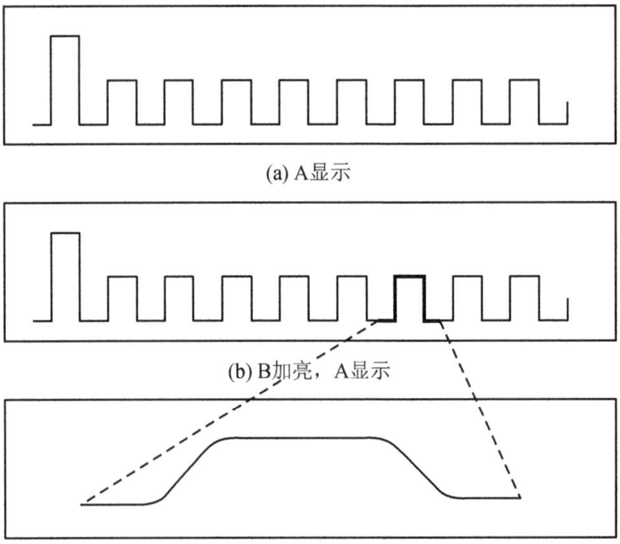

(a) A显示

(b) B加亮，A显示

(c) A延迟，B显示

图2-17　双时基示波器 *X* 轴工作方式

在双时基示波器中，还可利用电子开关做自动转换。把两套扫描系统的输出交替接入水平放大器，这样可将同一被测信号用不同扫描时间因数在屏幕上同时显示成两个波形，一个波形是被测信号的长过程，另一个波形是经水平扩展后被测信号的某一局部，即屏幕上半部分为“B加亮，A显示”，屏幕下半部分为“A延迟，B显示”。这种用两种扫描时间因数同时显示一个被测信号的扫描方式称作自动双时基。

图2-18所示为用自动双时基显示图2-17情况。

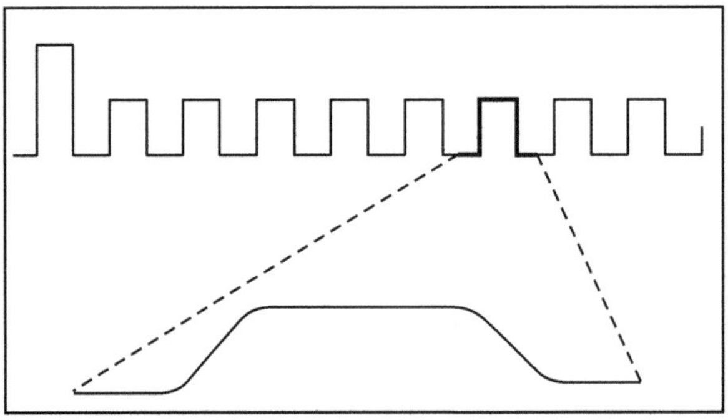

图2-18　用自动双时基显示图2-17情况

图2-19为单踪双时基示波器电路组成，其中包含手动转换双时基系统中所增加的主要控制件(其他控制件从略)。所增加控制件的作用如表2-4所列。

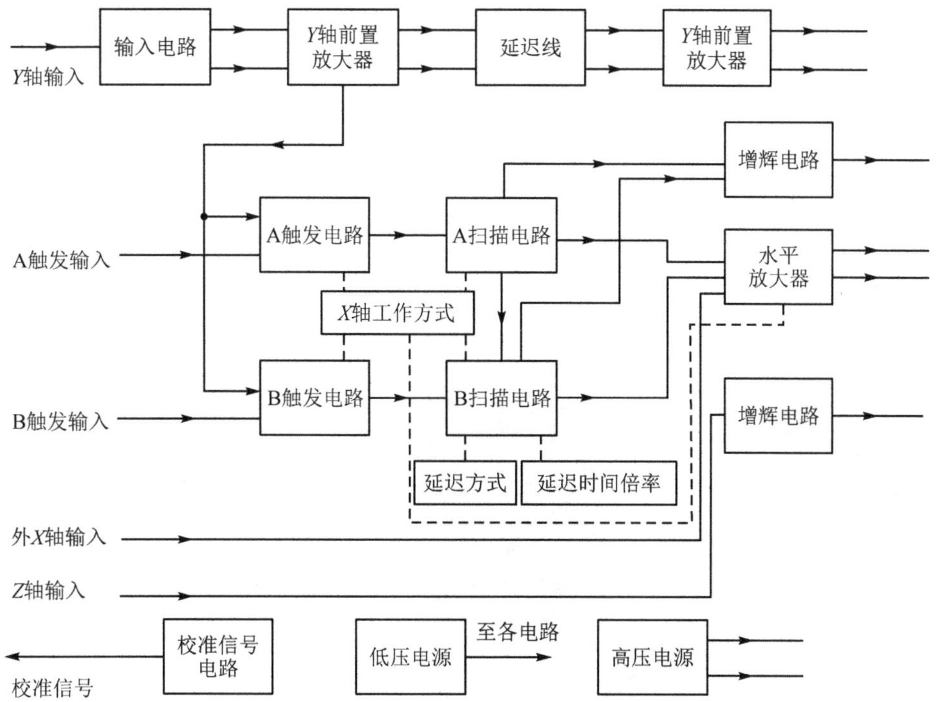

图 2-19　单踪双时基示波器电路组成

表 2-4　增加控制件的名称及其作用

名　称	作　用
X 轴工作方式	用于选择水平系统输入信号，使显示时间内得到不同的显示方式。置于“A”时，屏幕上显示主扫描 A 波形，仪器作为单时基示波器使用；置于“B 加亮 A”时，屏幕上显示主扫描 A 波形，同时把对应于被延迟扫描 B 部分的波形加亮显示；置于“A 延迟 B”时，把加亮部分的波形用被延迟扫描 B 扩展显示，扩展倍数为 A、B 的扫描时间因数之比；置于“X－Y”时，将 X 外接信号接入水平放大器，仪器作为 X－Y 显示器使用
延迟时间倍率	用于调节 A、B 两扫描之间的延迟时间。当“X 轴工作方式”置于“B 加亮 A”时，调节“延迟时间倍率”可使加亮部分波形在水平方向上移动。延迟时间的大小等于 A 扫描时间因数乘以“延迟时间倍数”的系数，后者单位为 cm 或 div(刻度)，其读数范围一般为 0.00～9.99，因此可用来精确测量时间
延迟方式	用于选择被延迟扫描 B 的工作方式。当“延迟方式”置于“连续”时，B 工作于自动状态；当电压比较器送出延迟触发脉冲时，B 立即被启动。当“延迟方式”置于“等待”时，B 工作于触发状态；当电压比较器送出延迟触发脉冲时，B 并不随之启动，而是被观测信号相对应的触发脉冲启动

在连续延迟方式下，调节延迟时间倍率可以使“B 加亮，A 显示”中的加亮部分波形在水平方向上连续移动，以便利用“延迟时间倍率”进行时间测量。然而，利用这种延迟方式进行扩展显示时容易产生延迟晃动，因此不便于对陡峭脉冲沿进行观测。在等待延迟方式下，由于被测信号触发脉冲对被延迟扫描起着同步作用，使延迟晃动消除，因此这种延迟方式适用于对陡峭脉冲沿的观测。

借助垂直系统和水平系统各自的电子开关，可以组成具有双踪和自动双时基功能的示波器，这样可以分别自动交替接入两个被测信号和两个扫描信号，从而在示波器荧光屏上显示对应于两种不同扫描时间因数的 4 个波形。

2.3.2 示波器使用方法

本小节以 Tektronix MDO3104 示波器为例介绍其基本使用方法[5-7]。

1. 操作面板

图 2 - 20 为 Tektronix MDO3104 示波器的操作面板，接下来介绍其常用按键及其功能。

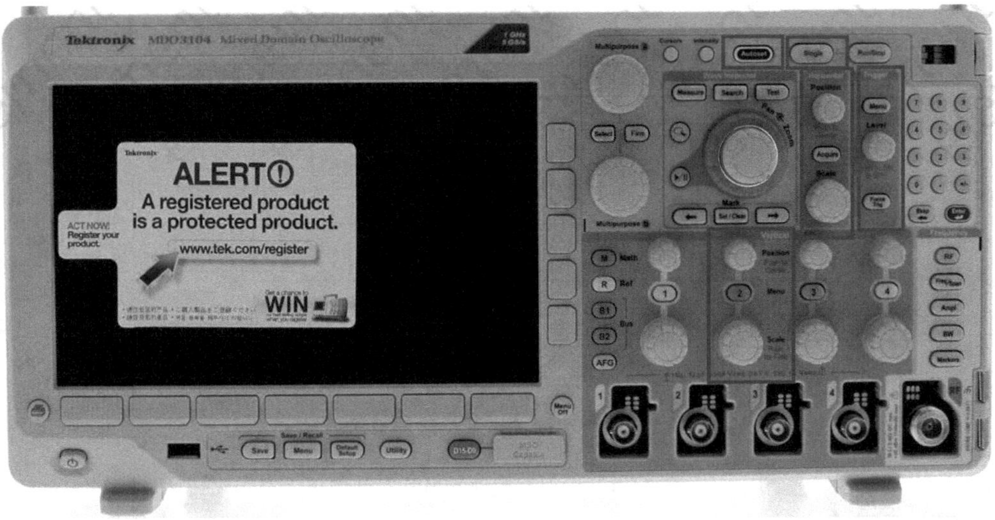

图 2 - 20 Tektronix MDO3104 示波器操作面板

(1) Autoset(自动设置)

通过自动设置功能可使示波器自动调节各种控制值，如获取方式、水平位置、触发类型、触发方式等，以产生适合观察的信号波形。开机后，如果显示的波形不符合预期，则可以直接按下此按键让示波器自动设定，完成后再微调实现自己所需要的设置即可。

(2) Acquire(获取)

通过获取功能可以设定信号获取方式。获取方式有 3 种：采样(预设置获取方式)、峰值检测、平均值。

采样：在该获取方式下，示波器按相等的时间间隔参考信号采样，以重建波形。通过该获取方式可以获取大多数模拟信号，但是不能获取模拟信号在两次采样间隔内发生的迅速变化，从而可能导致错误并丢失信号中的窄脉冲。为解决上述问题，应使用峰值检测方式。

峰值检测：在这种获取方式下，示波器可采集每两次采样间隔中输入信号的最大值和最小值，并用采样数据显示波形，从而可获取和显示在采样方式下可能丢失的窄脉冲，但噪声将比较明显。

平均值：在该获取方式下，示波器获取若干波形后取平均值，并显示取平均值后的波形，可用这种方式减少随机噪声。

(3) Vertical(垂直调节)和 Horizontal(水平调节)

该四通道示波器操作面板包含 1 组水平调节按键和 4 组垂直调节按键，其中主要包含

Position 和 Scale 两种按键：Position 按键能够控制波形上下左右移动；Scale 按键用来调节水平时基和垂直灵敏度，即×s/格或×V/格，可改变波形的“高矮胖瘦”。

(4) Trigger(触发)

通过触发可决定示波器何时开始采集数据和显示波形。示波器在开始采集数据时，会先收集足够多的数据用来在触发点的左方画出波形，同时在等待触发条件发生时连续地采集数据。检测到触发条件后，示波器连续地采集足够多的数据以在触发点的右方画出波形。

示波器需要通过触发来使示波器的扫描与被观测信号同步，从而显示稳定的波形。所谓触发模式，就是指一些为产生触发条件所选定的方式，以实现不同的观测效果。示波器的基础触发模式有 3 种：自动模式(Auto)、正常模式(Normal)和单次模式(Single)。

在自动模式下，示波器首先按照触发条件进行触发。但当超过设定时间而没有检测到触发条件时，示波器将强制触发并根据被测信号的特点自动设置示波器的水平时基、垂直灵敏度、偏置和触发条件以进行扫描，使波形能显示在荧光屏上。自动触发形成的波形可以为进一步调节示波器提供直观的判断依据。

正常模式下，示波器只有当检测到触发条件时才进行扫描，如果没有检测到就不进行扫描，屏幕上不显示波形。正常模式的作用在于观测波形的细节。

单次模式与正常模式类似，只有当检测到触发条件时才进行扫描，否则不扫描。不同之处在于，单次模式下的扫描一旦完成，示波器的扫描系统就会进入休止状态，即使后面再有满足触发条件的信号出现也不再进行扫描，必须通过手动才能进行下一次触发动作。单次模式常用于捕捉单次或多次出现但不具有周期性的信号。

触发的核心在于设定条件，这是示波器使用中最重要的地方，因此接下来介绍一下常用的触发条件。

1) 触发源

要想显示稳定的波形，就需将被测信号本身或者与被测信号有一定时间关系的信号加到触发电路上，作为触发条件的比较对象，这个比较对象就是触发源。最常见的触发源是内触发(INT)源，即用被测信号作为触发源，如通道 1、通道 2、通道 3。

2) 触发电平和触发极性

触发电平在示波器中显示为一个电压值，单位是“mV”或“V”。只有当触发电平在信号幅度范围之内时，示波器才可能被触发。触发极性开关用来选择触发信号的极性：选择“正”时，在信号上升的方向上，示波器在信号电平高于触发电平时就被触发；选择“负”时，在信号下降的方向上，示波器在信号电平低于触发电平时就被触发。

3) 触发类型

常见的触发类型有边沿触发、脉宽触发、逻辑触发、N 边沿触发、欠幅触发、斜率触发等，下文主要介绍典型的边沿触发和脉宽触发。

边沿触发是最常用、最简单且最有效的触发类型，90%以上的应用可以只用边沿触发来进行。边沿触发原理是通过查找波形上特定的沿(上升沿或下降沿)来完成触发，如图 2-21 所示。以触发电平作为参考，当信号电平从低于触发电平变化到高于触发电平时产生的触发；就是上升沿触发，反之就是下降沿触发。

根据信号的脉冲宽度产生的触发称为脉宽触发，脉宽触发范围定义可以是小于、大于、等于和不等于，根据极性可分为正脉宽和负脉宽。正脉宽指的是上升沿与触发电平相交点和相

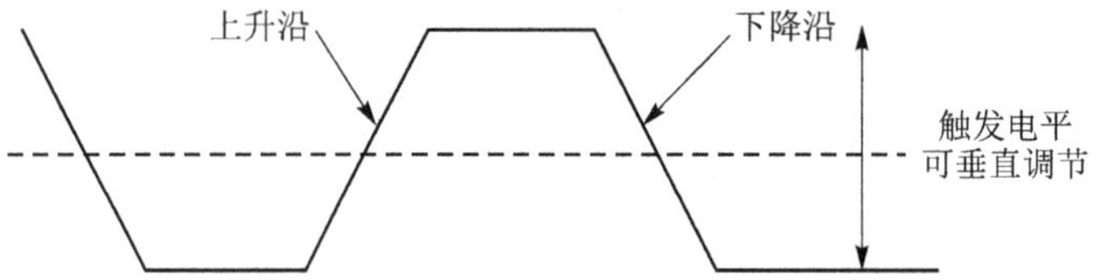

图 2-21　边沿触发原理示意图

邻的下降沿与触发电平相交点之间的时间差;负脉宽指的是下降沿与触发电平相交点和相邻的上升沿与触发电平相交点之间的时间差,如图 2-22 所示。

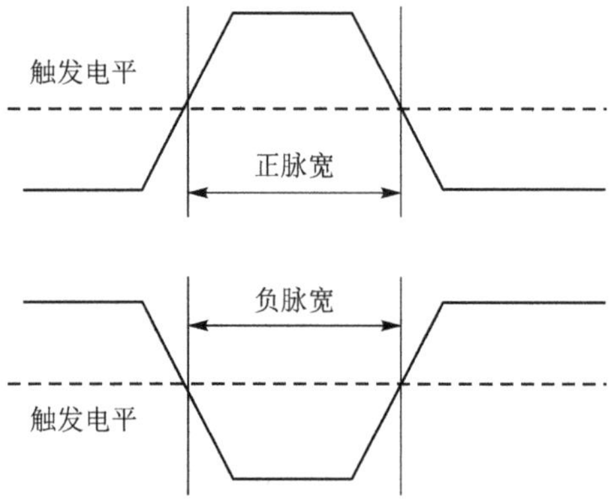

图 2-22　脉宽触发原理示意图

4）触发耦合

在常用设置中,一般只要设定了触发类型、触发电平,波形就能稳定显示了。但对于噪声比较大的信号,噪声的存在会干扰示波器的准确触发。触发耦合的作用就是抑制触发电路中的干扰和噪声。常见的触发耦合方式如下。

直流(DC)耦合:触发源信号的交流和直流成分都被送入触发电路。

交流(AC)耦合:触发源信号直流成分被滤去;适用于观察从低频到较高频率的信号。

高频(HF)抑制耦合:触发源信号中特定频率以上的信号都被滤去;适用于观察含有高频干扰的信号。

低频(LF)抑制耦合:触发源信号中特定频率以下的信号都被滤去;适用于观察含有低频干扰的信号。

噪声(Noise)抑制耦合:用低灵敏度的直流耦合来抑制触发源信号中的噪声成分;适用于观察含有高频噪声的信号。

触发耦合其实就是一种对触发信号的低通或高通滤波,因此可对噪声大的信号加入“高频抑制”耦合,过滤掉其中的高频部分。

5）触发释抑

按照定义,释抑是两次触发之间的最小时间间隔。示波器触发一次后,会进入触发释抑时间,触发功能在此时间内会被抑制,即使信号满足触发条件,系统也不会将其标记为触发点。触发释抑时间的合理设置有利于捕获偶发性多边沿的信号,使得原来不稳定的波形变得清晰。若触发释抑时间设置不合理,示波器将会把不同边沿的信号作为触发点,导致不一致的波形重叠在一起，造成波形显示不稳定。

(5) Run/Stop(启动/停止)

通过该按键可启动和停止波形获取。

(6) Measure(测量)

通过测量功能可自动测量波形。测量时，先按下按键选择“信源”或“类型”菜单。从“信源”菜单中可选择待测量的信道，从“类型”菜单中可选择测量类型(频率、周期、平均值、峰峰值等)。

2. 常规测量步骤

(1) 准备工作

1) 设备检查、连接和校准

检查示波器和探头：确保示波器和探头在使用前处于良好状态，没有物理损坏；检查探头是否匹配所使用的示波器。

连接探头：将探头连接到示波器的输入通道；通常示波器会有多个输入通道，可以选择一个合适的通道进行测量。

校准探头：大多数现代示波器配有探头校准功能，具体做法是将探头连接到校准输出端口，调整探头上的补偿电容，使示波器上显示的方波波形没有失真。

2) 被测电路准备

连接地线：确保示波器探头的地线与被测电路的地线相连，这是确保测量准确性和安全性的关键步骤。

选择测量点：根据需要选择被测电路上的测量点，将探头与其相连接。

(2) 基本设置

1) 垂直系统设置

选择通道：选择要使用的通道，并确保该通道已开启。

设置灵敏度：调整垂直灵敏度(也称为电压刻度)，使得信号波形能够适当地显示在荧光屏上。开始时可以选择较低的灵敏度，再逐步提升以获得更详细的波形。

调整位置：调整波形在垂直方向上的位置，使其在荧光屏上居中显示，便于观察。

2) 水平系统设置

设置时间基准：调整水平时基(也称为时间刻度)，选择合适的时间范围，使得波形能够完整地显示在荧光屏上。一般来说，时间基准需要根据信号频率进行调整。

调整触发：触发系统是示波器捕捉稳定波形的关键，合理设置触发电平和触发类型(如上升沿触发、下降沿触发等)可确保波形在荧光屏上稳定显示。

(3) 波形抓取和分析

1) 触发类型设置

设置边沿触发：这是最常用的触发类型，适用于大多数信号。设置触发电平，使得示波器在信号上升或下降到触发电平时捕捉波形。

设置脉宽触发和视频触发：对于一些特殊信号，可以选择其他触发类型，如脉宽触发(适用于脉冲信号)和视频触发(适用于视频信号)。

2) 自动设置功能

现代示波器通常配有自动设置功能(Autoset)，该功能可以根据输入信号自动调整垂直和水平系统设置。还可在自动设置的基础上进行手动调整,使设置更精确。

3）信号捕捉

单次捕捉:对于一次性或不重复的信号,可以使用单次捕捉模式。按下"Single"按钮,示波器将在触发条件满足时捕捉并显示一个周期的波形。

连续捕捉:对于连续信号,选择"启动/停止"按钮,使示波器连续捕捉并更新显示波形。

(4) 数据分析和保存

1）波形测量

使用示波器的测量功能(Measure)可以直接在荧光屏上显示信号的关键参数,如频率、周期、峰峰值、电压均值等。利用自动测量功能可以大幅提高工作效率和准确性。

2）波形存储

部分新型示波器支持将波形数据存储到内部存储器或外部 USB 存储设备中。选择"保存"按钮,根据提示将波形数据存储到指定位置,以便记录和日后分析。

3）数学功能

使用示波器的数学功能可以对波形进行进一步分析和操作,如 FFT 频谱分析、加法、减法、乘法和除法等。通过数学功能可以深入了解信号的频率成分和其他特性。

2.3.3 示波器技术问题

1. 频带宽度

示波器频带宽度的扩展主要是在示波管、电路技术和半导体技术发展的基础上实现的。

对于示波管,其截止频率取决于电子经过偏转板的渡越时间、偏转板极间电容以及引线电感等。采用成对传输线电路结构取代常规垂直偏转板,可使电子渡越时间造成的影响被传输线固有延迟时间精确补偿;同时加接匹配负载,使偏转系统对垂直放大器几乎不产生容性阻抗。采取上述措施可使示波管截止频率提高到 1 GHz。为了获得更高的显示辉度,新型宽带示波管都采用很高的后加速电压(如 20 kV)。同时,为了在不增加示波管长度的前提下提高偏转灵敏度,会在后加速系统中用球面栅网代替常规的平面栅网。

垂直放大器宽带化是扩展示波器频带宽度的重要因素。大多数示波器的垂直放大器采用带有高频补偿网络的多级差分反馈放大电路(一种集成电路),不仅可以提高半导体器件电性能,还对改进示波器电性能和可靠性均有明显效果,这是因为该电路的高频性能、脉冲响应和温度特性等均优于分立元件电路。

2. 频带宽度相关问题

在扩展示波器频带宽度的同时,必须考虑示波器的输入阻抗、延迟线和扫描时间因数等问题。

为减少对被测电路的影响,示波器输入电路应具有较高输入阻抗,因此一般采用由结型场效应管构成的平衡型源极跟随器作为输入电路。由于输入电容的影响,当频率增高时,输入阻抗迅速降低,因此在设计宽带示波器输入阻抗系统时,应使其具备高阻(1 MΩ)和低阻(50 Ω)的转换功能以满足不同测试需要。在使用 50 Ω 低阻输入时,可采用场效应管有源探极变换阻抗。

为了观测脉冲前沿和后沿,需要在垂直放大器中接入延迟线。在宽带示波器中应采用上升时间快、外形尺寸小和传输特性好的延迟线，平行双芯同轴电缆即可满足上述要求。

随着垂直系统频带宽度的扩展，扫描时间因数也要相应减小。由于水平放大器电路技术和高频高反压 PNP 晶体管技术不断发展，最小扫描时间因数已达 200 ps/cm。

3. 灵敏度相关问题

示波器灵敏度除与示波管偏转灵敏度直接有关外，还与半导体技术密切相关。

在晶体管示波器中，提高灵敏度的主要障碍是噪声和漂移，对此可采取一些改进措施。在器件方面，既可选用低噪声晶体管和封装在一起的对管，也可采用集成电路。在工艺方面，可采取屏蔽、合理安排退耦、合理选择接地点和缩短走线等措施，以减少干扰，降低噪声。在电路技术方面，可采用由场效应对管构成的源极跟随器，并在源极跟随器与垂直放大器之间采用由对管构成的射极跟随器，以减轻温度对灵敏度的影响，并显著降低漂移；在差分放大器射极电路中加入温度补偿电路，也可减轻温度对灵敏度的影响。此外，还可采用斩波放大器和交直流混合放大器等电路技术来提高灵敏度。

适当采取上述措施可使宽带示波器灵敏度达到 1 mV/cm 和低频示波器灵敏度达到 5 μV/cm。

4. 触发相关问题

大多数示波器都采用触发扫描，可以选择触发极性，可以调节触发电平，使所需观测部分波形的起始点出现在荧光屏左端。这种触发方式需要人工调节触发电平和稳定度旋钮，才能保证触发电路稳定工作。但如果使用者对在波形哪一点启动扫描不感兴趣，使用上述触发方式就会深感不便，尤其是当改变灵敏度粗调衰减挡时，往往会引起同步不稳甚至扫描停止。许多新式示波器中都增设了全自动触发方式，当触发信号有任何改变时，无须人工调节稳定度和触发电平旋钮即可稳定显示被测信号波形。

在宽带示波器中，高频信号触发往往会引起扫描晃动。为此，大多数示波器支持转换高频同步触发方式。通过调节稳定度旋钮，微调释抑时间，即可实现稳定显示波形。新式示波器中的高频稳定调节是自动的，有的还会在扫描电路中增设晃动抑制电路，可有效消除高频信号触发时的扫描晃动。

5. 新技术应用

示波器的主要功能是显示波形。而随着数字化技术的广泛应用，还可以使示波器在显示波形的同时，通过数字字符在荧光屏上显示被测信号波形的幅度、上升时间和时间间隔等参数。某些示波器（如 Tek 7000 系列）应用数字电路，将被测信号波形的参数进行数字处理后，再经数模变换，以模拟形式显示在荧光屏上。

在示波器中应用微处理器使常规示波器发生很大变革。目前示波器应用的微处理器有两种类型。第一种是并不作用于波形显示过程（如 HP 1722 型）的微处理器。应用这种微处理器的示波器除显示波形外，还通过发光二极管以数字形式显示被测信号波形的时间间隔、频率、直流电压、电压差和相对幅度比等。这种示波器的特点是不改变原来示波器的设计，引入微处理器来替代使用者进行部分操作和计算工作，其智能化程度不高。另一种是作用于波形显示过程（如 NI 2001 型）的微处理器。由于波形都经过数字化处理，应用这种微处理器的示波器的智能化程度较高，计算和测量功能也较多，可进行如微分和积分、求平方根、求 n 点平均值的计算以及上升时间、频率、有效值和峰峰值等的测量。所有这些功能都是预先编好程序的，使用时只需按下操作面板上的有关功能按键，示波器即可按指定程序自动进行测量和计算，然后把结果连同波形一起显示在荧光屏上。

为了适应测试数字电路的需要，示波器中还增添了一些新功能，如双延迟扫描（模拟延迟）、数字延迟和第三通道触发显示等。虽然通过增添上述功能，示波器可用来测试数字电路，但从本质上说，示波器主要用于分析模拟信号，它对于观测以“1”与“0”组成的逻辑信号，特别是不规则的单次触发的多路信号是困难的。而逻辑示波器的问世，为数字电路测试提供了非常理想的仪器。

逻辑示波器也称逻辑分析仪，专用于检测数字电路故障，其根据应用场景可分为逻辑状态分析仪（如 HP 1611A 型）和逻辑定时分析仪（如 LS 6122 型）两种，前者适用于检测软件，后者适用于检测硬件。虽然在数字电路测试中，逻辑分析仪主要测试仪器，但是其只能将故障部位检测出来，而如果要查明故障发生原因，还须借助常规示波器，因此这两种仪器是相辅相成的。

6. 电源相关问题

电源是示波器以及其他任何一种电子仪器不可缺少的重要组成部分，其质量对整机性能可产生直接影响。电源的作用是将电网的交流输入转换为仪器所需的各种直流电压。示波器常用的电源有如下几种。

多数示波器仍采用常规的串联线性稳压电源。但该种电源由于电网频率（工频）低，其变压器和滤波电容体积大、质量大，同时由于调整管功耗较高，其效率较低。

相对地，采用串联开关稳压电源可以提高效率并使体积、质量相应减小。但是，由于这种电源总电路结构与常规的串联线性稳压电源相似（如需要工频变压器），因此在电路技术上并没有重大突破。

无工频变压器开关电源的出现为电源技术带来重大变革。这种电源在体积、质量和效率方面都是非常优秀的，因此不少先进示波器采用这种电源。这种电源有两种控制方式：一种是脉冲宽度调制稳压型，另一种是脉冲周期调制稳压型。与常规稳压电源相比，无工频变压器开关电源的体积和质量约减小二分之一，效率约提高二分之一。其缺点是输入纹波较大、调试工作较为复杂和暂态时间较长。由于这种电源可节约大量硅钢和铜金属，因此发展非常迅速。随着电路技术的发展使输入纹波和暂态时间问题得到改善，无工频变压器开关电源会获得越来越广泛的应用。

参考文献

［1］李开玮，杨斌．“示波器原理与使用”实验教学启发［J］．科技风，2020(2)：42．

［2］胡晓丽．巧妙理解示波器的原理［J］．高中数理化，2016(12)：25．

［3］吴腾奇．示波器测量指导（上）［J］．电子测试，2007(9)：86-89．

［4］吴腾奇．示波器测量指导（下）［J］．电子测试，2007(10)：86-90．

［5］埃克．R. V. 示波器：基本操作与测量实例［M］．詹宏英，译．北京：国防工业出版社，1988．

［6］李凯．现代示波器高级应用：测试及使用技巧［M］．清华大学出版社，2017．

［7］TEKTRONIX. Tektronix MDO3000 系列数字示波器用户手册［EB/OL］．(2017-07-31)［2025-02-03］．https://www.tek.com.cn/oscilloscope/mdo3000-mixed-domain-oscilloscope-manual/mdo3000-series-3．

第3章 频谱分析仪

3.1 频谱分析仪概述

频谱分析仪能够测量信号的频率分布信息，如频率、功率、谐波、杂波、干扰、失真和噪声等，并通过在显示器或记录仪上显示信号频谱幅度的分布图形，让我们能够直观地看到这些信息。

频谱分析仪有多种分类方式：从性能上（分析带宽、相位噪声、灵敏度、测量速度等）分为高、中、低档；从形态上分为台式、便携式、手持式和模块化；从设计原理上主要分为快速傅里叶变换分析仪（FFT 分析仪）、扫描频谱分析仪（其中扫描方式又分为模拟体制和数字体制），以及实时频谱分析仪。

本章深入探讨几种常用频谱分析仪的工作原理、重要参数、功能及应用。将详细阐述超外差频谱分析仪的组成部件及其功能，包括衰减器、混频器、低通滤波器、本地振荡器、中频放大器、中频滤波器、包络检波器、视频滤波器和显示器；将介绍数字中频扫描频谱分析仪和实时频谱分析仪的基本原理，以及它们各自的优缺点；在重要参数部分，将解释频率和时间相关参数、幅度精度和范围、动态范围等对测量结果准确性的影响；最后，将以思仪 4051 系列为例介绍频谱分析仪的功能及应用，包括操作面板、测量技巧、频谱分析、谐波测试、三阶交调测试和模拟调制信号测量。

3.2 超外差频谱分析仪组成部件及其功能

超外差频谱分析仪原理结构如图 3-1 所示，可知其一般由衰减器、低通滤波器（或预选器）、混频器、中频增益放大器、中频滤波器、本地振荡器、扫描发生器、包络检波器、视频滤波器和显示器组成。

“外差”是指本振频率高于射频（RF）频率的混频，“超”是指频率超出音频范围（20 Hz～20 kHz），即高于 20 kHz。超外差频谱分析仪的工作原理是：射频输入信号通过衰减器、低通滤波器进入混频器；在混频器中，输入信号与来自本地振荡器的本振信号进行混频，由于混频器是一个非线性器件，其输出信号不仅包含原始输入信号和本振信号的频率，还包括这两个信号的和频与差频；如果输出信号位于中频滤波器的带宽内，超外差频谱分析仪将进一步处理信号；处理过程包括通过包络检波器和视频滤波器，最终在显示器上显示出信号波形[1]。

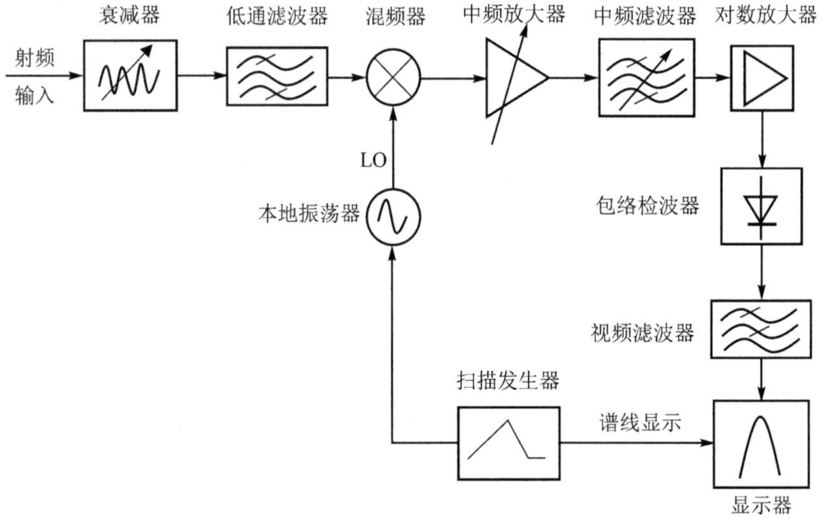

图 3-1　超外差频谱分析仪原理结构

3.2.1　衰减器

衰减器的作用是确保混频器接收的信号强度适当，避免过载、增益压缩或失真。衰减器与中频放大器之间还通过一种自动补偿机制相连，可保证即使信号被衰减，测量结果也能保持准确。

图 3-2 所示是一个最大衰减为 70 dB、步长为 2 dB 的衰减器电路。电路中的电容器用来防止直流烧毁，但会限制低频信号测试。

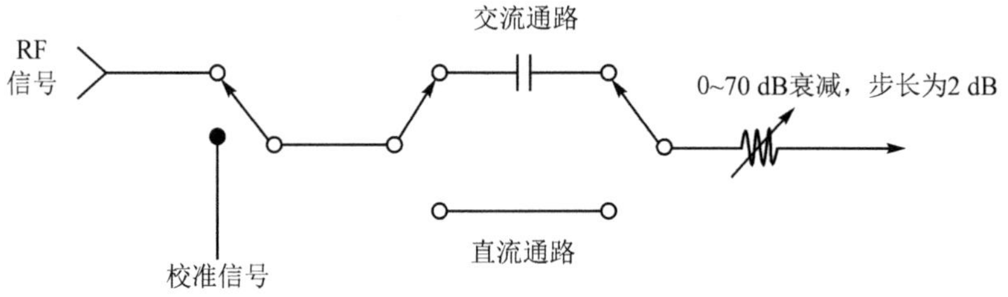

图 3-2　衰减器电路

3.2.2　混频器

混频器能够把输入信号的频率混频至频谱分析仪能够滤波、放大和检波的频率范围，进而实现宽频段范围内信号的频谱向固定中频迁移。

在理想情况下，混频器起乘法器的作用。假定混频器的输入信号为

$$V_{sig}(t)=A\cos(2\pi f_{sig}t) \tag{3-1}$$

则本振信号为

$$V_{LO}(t)=\cos(2\pi f_{LO}t) \tag{3-2}$$

混频器的输出信号为

$$V_{\mathrm{IF}}(t)=A\cos(2\pi f_{\mathrm{sig}}t)\cos(2\pi f_{\mathrm{LO}}t) \tag{3-3}$$

将式(3－3)通过适当变换可得

$$V_{\mathrm{IF}}(t)=\frac{A}{2}\{\cos[2\pi t(f_{\mathrm{sig}}+f_{\mathrm{LO}})]+\cos[2\pi t(f_{\mathrm{LO}}-f_{\mathrm{sig}})]\} \tag{3-4}$$

式中：f_{sig} 为输入信号频率，f_{LO} 为本振信号频率。

由式(3－4)可知，混频器的输出信号是本振信号和输入信号的和频与差频[1]。可得混频器的输出信号频谱图如图 3－3 所示。对于超外差频谱分析仪来说，本振信号与输入信号的差频或和频是其处理信号的关键。

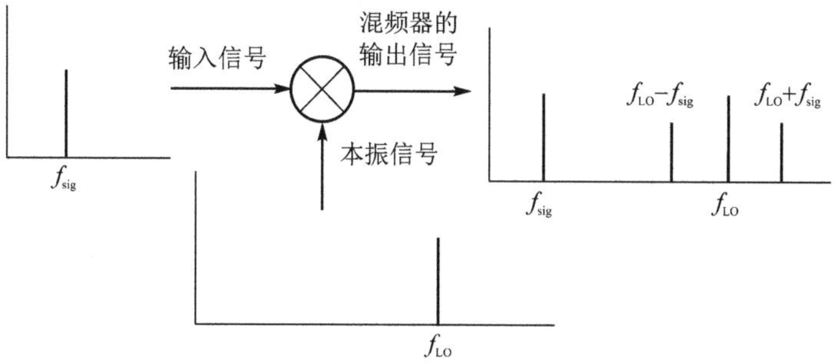

图 3－3　混频器的输出信号频谱图

3.2.3　滤波器

频谱分析仪通常使用 2～4 级混频，每级混频都需要进行滤波，其作用是防止带外信号与本振相混频产生多余的假响应。

在低频区域，低通滤波器通过抑制镜像响应有效阻止了高频信号进入混频器，同时也防止了高频信号与本振信号混频后产生带外信号，以减少在中频区域的非期望响应。在微波频段，频谱分析仪通常使用调谐滤波器来替代低通滤波器与本振信号在系统控制下同步调谐，选择性地通过特定信号，同时抑制带外信号和镜像响应。

3.2.4　本地振荡器

图 3－4 所示为超外差频谱分析仪的本地振荡器组成框图。本地振荡器的性能直接影响整机的相位噪声、频率读出准确度、剩余调频、杂散以及交调失真、动态范围、EVM 等多项关键指标。

本地振荡器的振荡频率由扫描发生器调节，显示器的水平轴偏移也由扫描发生器控制。扫描发生器使频谱分析仪能够在显示器上从左至右连续地展示信号，并不断重复这一过程，以刷新显示的轨迹。

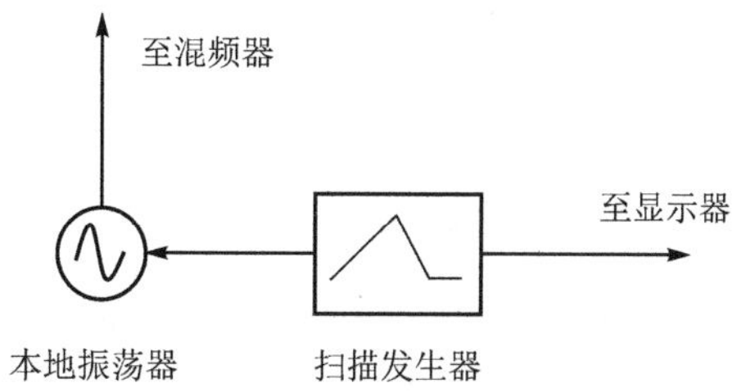

图 3－4　超外差频谱分析仪的本地振荡器组成框图

3.2.5 中频放大器

中频放大器的作用是调整中频滤波器的输入电平，其增益与输入衰减器的衰减值是自动同步的。这意味着，如果输入衰减器将信号衰减了 10 dB，中频放大器就会自动提供 10 dB 的增益，以补偿这一衰减[1]。

3.2.6 中频滤波器

中频滤波器是一个分辨率带宽(RBW)滤波器，可实现对相邻信号的分辨。它可以使输入信号显示在频谱分析仪的显示器上，但前提是混频器的输出频率必须在中频滤波器的频段内。图 3-5 为输入频谱、中频滤波器输出波形和显示轨迹的对应关系图。

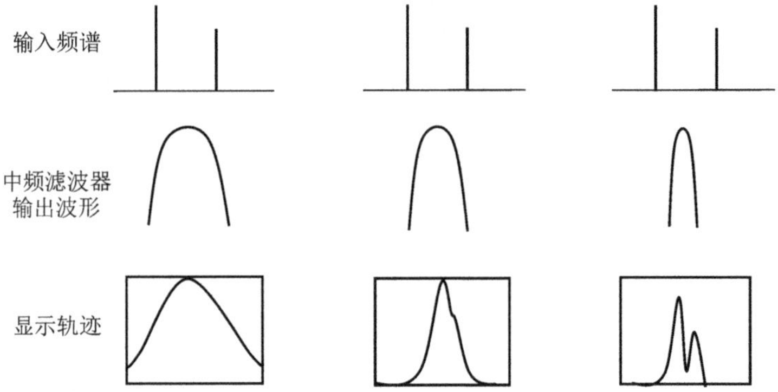

图 3-5　输入频谱、中频滤波器输出波形和显示轨迹的对应关系图

3.2.7 包络检波器

包络检波器的作用是把中频信号转换成视频信号。简单的包络检波器由二极管、电阻负载和低通滤波器组成，如图 3-6 所示。

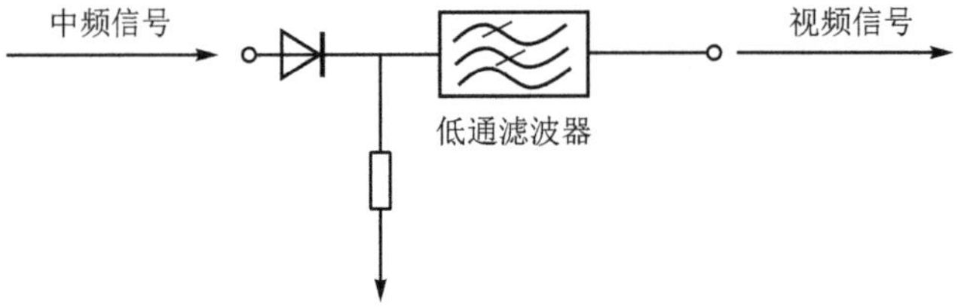

图 3-6　简单的包络检波器

3.2.8 视频滤波器

通常输入信号中含有噪声，视频滤波器的功能就是平滑信号，抑制频谱分析仪产生的随机噪声。视频滤波器的带宽称为视频带宽(VBW)。通过减小视频滤波器的带宽，可使小信号更易被测量。图 3-7 为一个视频滤波器平滑示例。

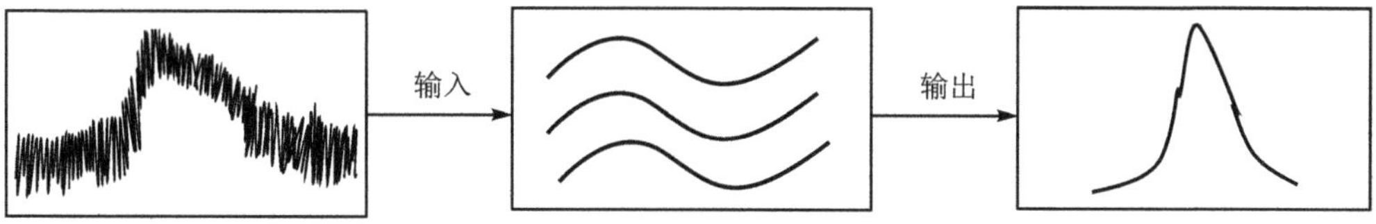

图 3-7　视频滤波器平滑示例

3.2.9　显示器

显示器以 $X-Y$ 模式显示输出，其水平轴和垂直轴通常有 10 格或 8 格。水平轴用来线性地表示频率，从左至右递增；而垂直轴则用来表示信号的幅度。在幅度显示方面，频谱分析仪提供了线性刻度和对数刻度两种选项，线性刻度通常采用电压（V）作为单位，而对数刻度则采用分贝（dB）作为单位[2]。

无论采用哪种刻度，频谱分析仪都会将显示器最上面的刻度线对应的电平作为参考电平，这是一个通过校准技术确定的绝对数值。显示屏上其他位置的电平数值都是基于这个参考电平和刻度间隔来计算的。这样，就能够测量信号的绝对幅度值或者任意两个信号之间的相对幅度差了。

设置频谱分析仪频率的方法主要有两种：第一种是通过中心频率键来设定中心频率，同时使用扫频宽度键来设定水平轴的频率范围，这两个控制键是相互独立的，改变中心频率不会影响扫频宽度；第二种是直接设置起始频率和终止频率。通过这些设置，就可以测量信号的绝对频率或者任意两个信号之间的相对频率差了。

3.3　数字中频扫描频谱分析仪基本原理

3.3.1　数字中频扫描频谱分析仪原理结构图

图 3-8 为数字中频扫描频谱分析仪原理结构图，其采用的是宽带数字中频处理技术，集 FFT 频谱分析和扫频频谱分析于一体，优点是可消除中频误差，稳定性强、扩展能力强。

3.3.2　扫频式频谱分析技术优缺点

(1) 优　点

- 扫频过程结束后立刻得到信号频谱，运算简单；
- 频率范围极宽时频谱测量速度快，应用广泛；
- 测量动态范围大。

(2) 缺　点

- 同一时刻只能测量一个频点的信号功率，适用于平稳信号的分析；
- 只能获得信号的幅度信息，而相位信息丢失；
- 测量速度受中频滤波器响应时间和本振扫描速度的限制。

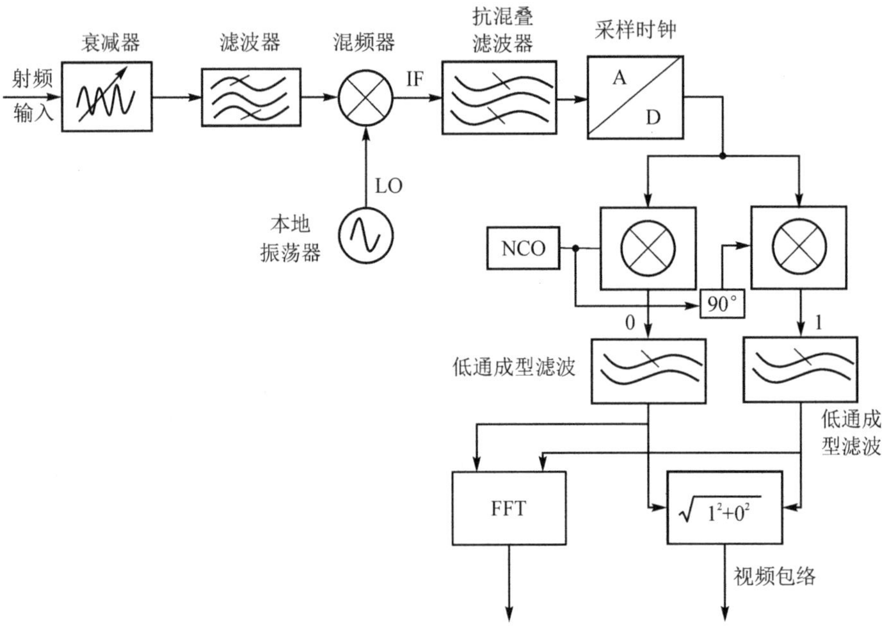

图 3-8 数字中频扫描频谱分析仪原理结构图

3.4 实时频谱分析仪基本原理

3.4.1 实时频谱分析仪原理结构图

图 3-9 为实时频谱分析仪原理结构图。

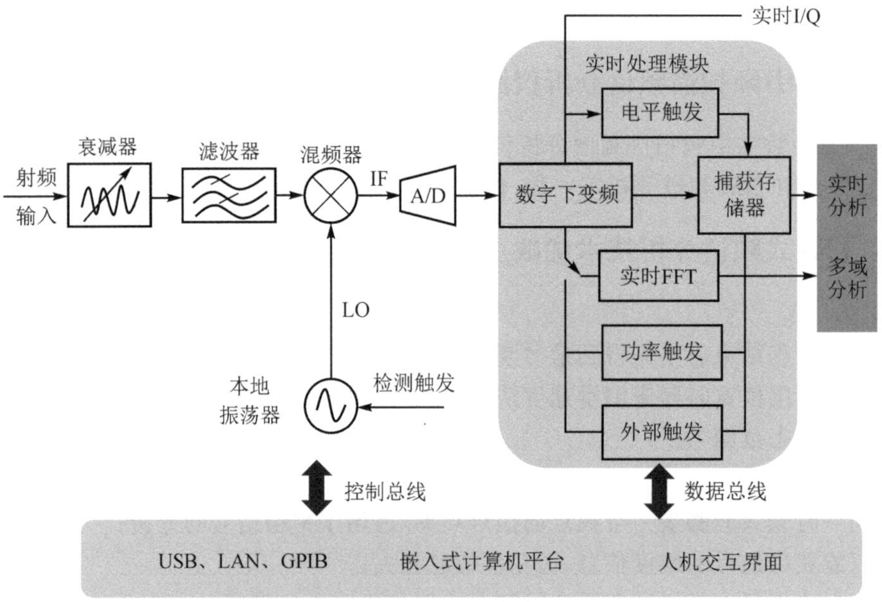

图 3-9 实时频谱分析仪原理结构图

3.4.2　实时频谱分析技术的特点

实时频谱分析技术的特点：用于瞬态、跳频、间歇信号的分析；支持捕获和分析并行工作；分析时间小于捕获时间；触发、捕获和实时处理能力强。图 3－10 为实时频谱分析技术捕获和分析过程示意。

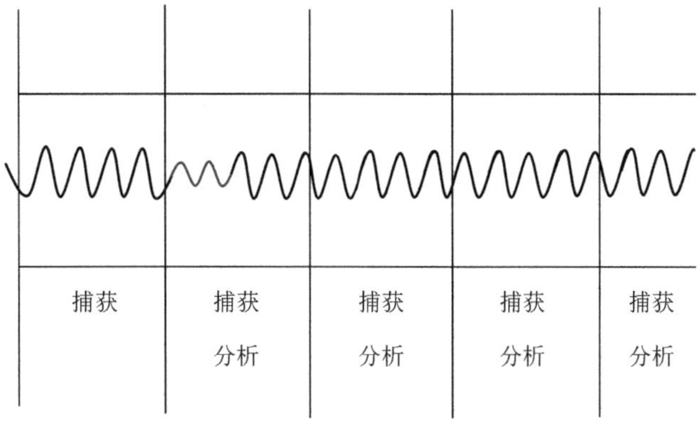

图 3－10　捕获和分析过程示意

3.5　重要参数

3.5.1　频率和时间相关参数

频率和时间相关参数包含频率范围、频率读出准确度、频宽准确度、频率计数准确度、剩余调频、分辨率带宽、视频带宽、分析带宽、扫描时间和扫描范围、测量速度等。

1. 频率范围

频率范围指频谱分析仪能够测量的最低频率到最高频率。需要注意的是，AC 模式、DC 模式、前置放大器开启后，频率范围有变化。

2. 频率读出准确度

频率读出准确度指频谱分析仪在扫频时测量频率的准确度，它受频率参考、剩余调频、扫频宽度、分辨率带宽、轨迹点数、扫描同步控制精度等因素的影响。

3. 频宽准确度

频宽是频谱分析仪显示器水平轴表示的频率范围，即频谱分析仪的起始频率与终止频率之差。频宽准确度表示显示器上任意两个信号频率间隔的准确度。

4. 频率计数准确度

用一个已知频率的信号发生器输出作为标准，频谱分析仪将标记计数值与信号发生器输出之间的误差作为标记计数准确度。

5. 剩余调频

剩余调频是指在没有任何调制输入时，本振信号的固有短期频率不稳定度，一般表现为在规定的测试带宽内,在某规定时间间隔内频率抖动的峰值或峰峰值。这种不稳定会引起谱线晃动,进而影响分辨率和频率读出准确度。

检测方法是将一个稳定的信号加在频谱分析仪输入端,频谱分析仪设置为零频宽,在 10 Hz 分辨率带宽下检测信号幅度的偏离量。再将该幅度偏离量乘以 10 Hz 滤波器对应的斜率,所得到的频率偏离量即为剩余调频。

6. 分辨率带宽

分辨率带宽(RBW)用于表征频谱分析仪分辨两个频率相近输入信号的能力。图 3-11 为 FFT 方式下的分辨率带宽,当分辨率带宽较小时测量速度快。图 3-12 为扫频方式下的分辨率带宽,动态范围大,在宽频带时扫描速度快。

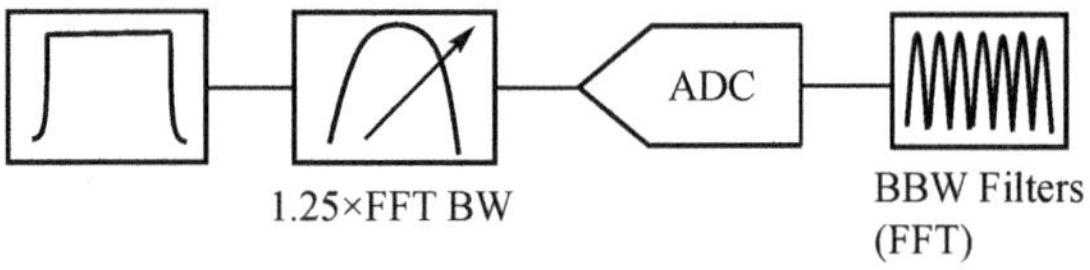

图 3-11 分辨率带宽(FFT 方式)

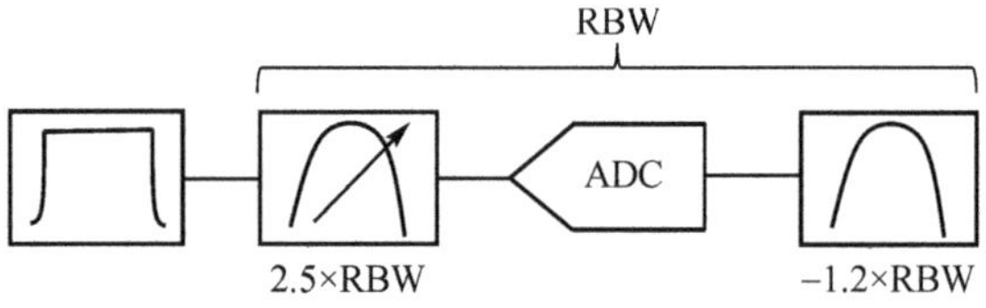

图 3-12 分辨率带宽(扫频方式)

7. 视频带宽

视频带宽(VBW)是指视频滤波器带宽。选择较小的视频带宽可以平滑噪声,使淹没于噪声的小信号得以被真实地测量并显示出来,但同时会降低频谱分析仪的测量速度。

8. 分析带宽

分析带宽是指频谱分析仪能够正确解调调制信号的最大带宽。分析带宽越大,表明频谱分析仪处理宽带信号的能力越强。最大分析带宽的影响因素包括模拟接收通路的中频带宽、ADC 的采样速率。

9. 扫描时间及扫描频率范围

(1) 扫描时间

从扫描频率范围的最低端扫描到最高端所使用的时间为扫描时间(Sweep Time),其与扫描频率范围是相匹配的。在一定的带宽内,扫描时间导致低频部分与高频部分的频谱存在差异。特别是当 RBW 与 VBW 较小时,频谱分析仪的扫描时间可能达数秒,这数秒内的频谱变化无法被频谱分析仪准确测量。因此在分析间歇信号或突发干扰信号时,要注意 RBW 和 VBW 的设置。扫描时间的计算公式如下:

$$\text{扫描时间} \cong k \times \frac{\text{扫频宽度}}{\text{分辨率带宽} \times \text{视频带宽}} \tag{3-5}$$

式中:k 是与仪器相关的常数。

非零扫频宽度下，扫描时间通常随扫频宽度、RBW 和 VBW 的调整而变化。而在零扫频宽度下，扫描时间取决于取样能力，通常不随 RBW、VBW 的变化而改变。

(2) 扫描频率范围

扫描频率范围(Span)应根据待观测信号的频谱宽度或信道间隔来确定扫描的起始频率和终止频率。扫描频率范围越宽，意味着需要更长的时间来完成一次全面的扫描，这可能导致频谱上各测量点的精度降低。

10. 测量速度及其提高方法

测量速度包括本地测量和显示屏更新速率、远程测量和 LAN 传输速率、频标峰值搜索速率、中心频率调谐和转换速率、测量/模式切换速率等指标。提高测量速度的方法有如下 3 种。

选择大分辨率带宽：在扫频宽度确定的情况下，扫描时间和分辨率带宽的平方成反比，因此选择大分辨率带宽会提升扫描速度，但会影响小信号测量。

选择步进扫频(FFT)方式：在分辨率带宽较小的情况下，使用连续调谐扫描的速度很慢，因此在同等分辨率的情况下可以使用步进扫频(FFT)的方式提高扫描速度。

选择 LAN 程控接口：新式的频谱分析仪大多提供 LAN 程控接口，选择这种接口形式可以将程控的数据传输速率提高近一个数量级。

3.5.2　幅度精度和范围相关参数

幅度精度与范围相关参数包含幅度范围、最大安全输入电平、显示范围、频率响应、输入衰减切换不确定度、总体绝对幅度精度、输入电压驻波比、分辨率转换不确定度、参考电平、刻度保真度、检波方式、前置放大器等。

1. 幅度范围

测量范围：显示平均噪声电平(Displayed Average Noise Level，DANL)至最大安全输入电平。

输入衰减器范围：在 3 Hz～50 GHz 频段内为 0～70 dB，以 2 dB 步进；在 10 MHz～4 GHz 频段内为 0～30 dB，以 1 dB 步进。

2. 显示范围

显示范围是指在显示器上能够同时观察到的最大信号和最小信号之间的差值。对于 10 个幅度刻度区间的频谱分析仪而言，显示范围即为刻度因子×10。

对数标度(10 个显示格)：0.1～1 dB/格，以 0.1 dB 步进；1～20 dB/格，以 1 dB 步进。

3. 频率响应

频率响应描述了信号幅度随频率在特定范围内的变化，即幅度与频率的依赖关系。频率响应又分为绝对频率响应和相对频率响应；绝对频率响应是指在给定的频率范围内，以某频率点的信号幅度为参考时，其余各频率点的幅度偏差；相对频率响应也称频率响应平坦度，表示某个频段或整个频率范围内，信号的最大幅度与最小幅度的差值或差值的±1/2。

4. 总体绝对幅度精度

频谱分析仪以内部校准信号幅度为基准，校准信号幅度的变化会引入绝对幅度测量准确度误差。

总体绝对幅度精度在频率为 500 MHz 时为±0.24 dB;在所有频率上为±(0.24 dB+频率响应)。

3.5.3 动态范围相关参数

动态范围相关参数包含显示平均噪声电平、剩余响应、镜频和杂散响应、二次谐波失真、三阶交调失真、1 dB 增益压缩、相位噪声等。

1. 显示平均噪声电平

(1) 基本概念

显示平均噪声电平是指在无外加噪声或信号的情况下,频谱分析仪观察到的本底噪声,其可表征频谱分析仪检测最小信号的能力(测量灵敏度),因此只有电平高于该参数的输入信号才可能被检测出来。一般通过归一化到 1 Hz 分辨率带宽仪器的本底噪声电平表征该参数,单位为 dBm/Hz。

频谱分析仪内部混频器、滤波器及各级放大器在工作时都会产生噪声,通过检波器反映为显示平均噪声电平,其计算式如下。

$$\mathrm{DANL} = -174\ \mathrm{dBm}(1\ \mathrm{Hz}) + \mathrm{NF}_{\mathrm{SA}} + 10\log\left(\frac{B_{\mathrm{N}}}{1\ \mathrm{Hz}}\right) \tag{3-6}$$

式中:$\mathrm{NF}_{\mathrm{SA}}$ 为频谱分析仪的噪声系数,B_{N} 为测量带宽。

(2) 影响测量灵敏度的因素

1) 分辨率带宽设置

若要提高灵敏度,即降低最小可测量信号,要求频谱分析仪必须降低内部显示平均噪声电平。而显示平均噪声电平随分辨率带宽按 $10\log\left(\frac{\mathrm{RBW1}}{\mathrm{RBW2}}\right)$ 规律变化,减小分辨率带宽,可以降低内部显示平均噪声电平,但减小分辨带宽会增加测量的时间。图 3-13 所示为当分辨率带宽减小为原来的 1/10 时,显示平均噪声电平下降 10 dB 的示意图。

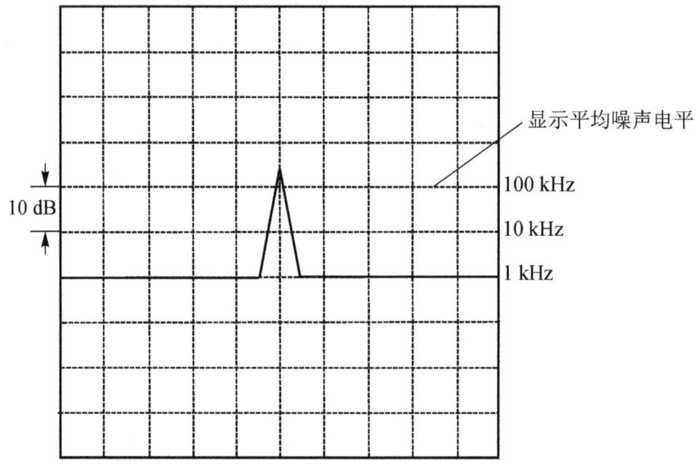

图 3-13 分辨率带宽减小为原来的 1/10,显示平均噪声电平下降 10 dB

2）视频带宽设置

选择较小的视频带宽可以平滑噪声，利于读数的稳定。

3）衰减值设置

衰减器的衰减值设置大，会导致显示平均噪声电平高。因此，为保证正确测量，频谱分析仪内部衰减器的默认衰减值通常设置为 10 dB，并且和中频放大器联动工作。

4）前置放大器

前置放大器可降低频谱分析仪的噪声系数，从而提高测量灵敏度。

2. 剩余响应

剩余响应是指频谱分析仪在无输入信号的情况下，显示器上所观测到的响应。通常存在剩余响应的频点是参考时钟的各整数倍频率点，以及第一本振和第二本振的交调产物处。

3. 内部失真

内部失真水平表征频谱分析仪测量大信号的能力，频谱分析仪内部产生的失真会影响测量结果。图 3－14 展示了内部失真产生的原因。

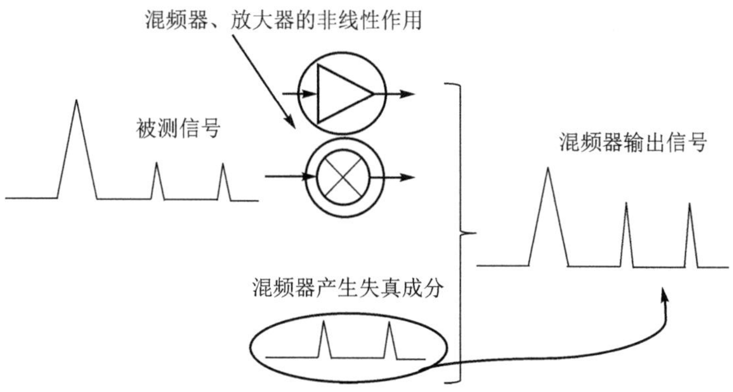

图 3－14　内部失真产生的原因

(1) 谐波失真、交调失真

二次谐波失真表示为 2Δ(单位为 dBc)，是指被测信号与二次失真产物幅度的差值，意味着失真产物随基波功率的平方增加。三阶交调失真表示为 3Δ(单位 dBc)，是指被测信号与三阶失真产物幅度的差值，意味着失真产物随基波功率的立方增加。

图 3－15 展示了二次谐波和三阶交调测试信号图。二阶截获点(SHI)＝输入信号电平(或混频器电平)－Δ；三阶截获点(TOI)＝输入信号电平(或混频器电平)－Δ/2。

(2) 1 dB 增益压缩

输入信号电平增大可能使频谱分析仪的混频器、放大器等单元电路接近饱和工作，此时输出信号分量不再随输入信号呈线性变化(输出信号增益下降)，显示的信号电平偏低，这是增益压缩造成的。通常用输出功率比线性值低 1 dB(或 0.5 dB)时对应的输入电平值表示 1 dB(或 0.5 dB)压缩点。

4. 动态范围与显示范围、测量范围的关系

图 3－16 展示了动态范围与显示范围、测量范围的关系。

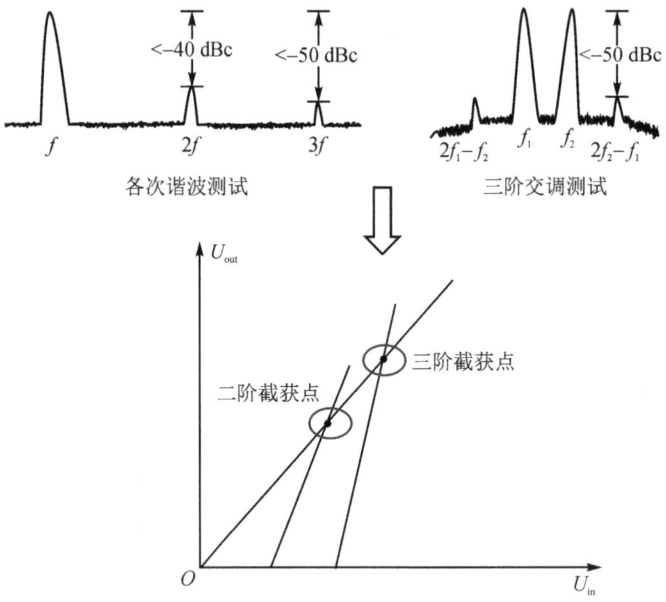

图 3-15　二次谐波、三阶交调测试信号图

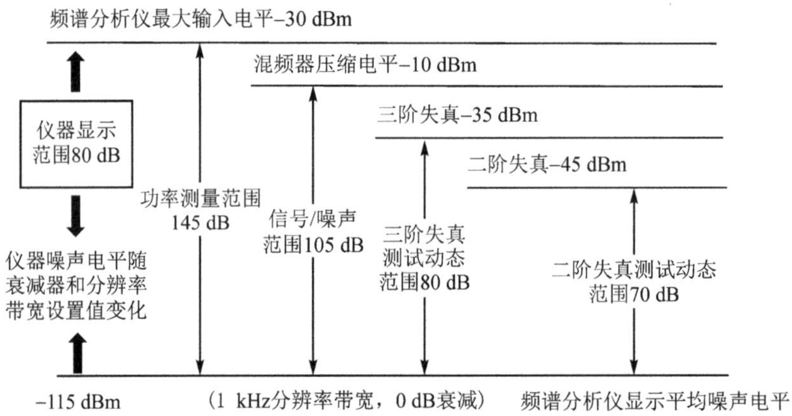

图 3-16　动态范围与显示范围、测量范围的关系

3.6　频谱分析仪功能及应用

3.6.1　操作面板

以思仪 4051 系列频谱分析仪为例简单介绍其前后面板及各按键功能[3]。图 3-17 和图 3-18 所示分别为频谱分析仪的前面板和后面板。表 3-1 为测量设置键区按键名称与功能说明。

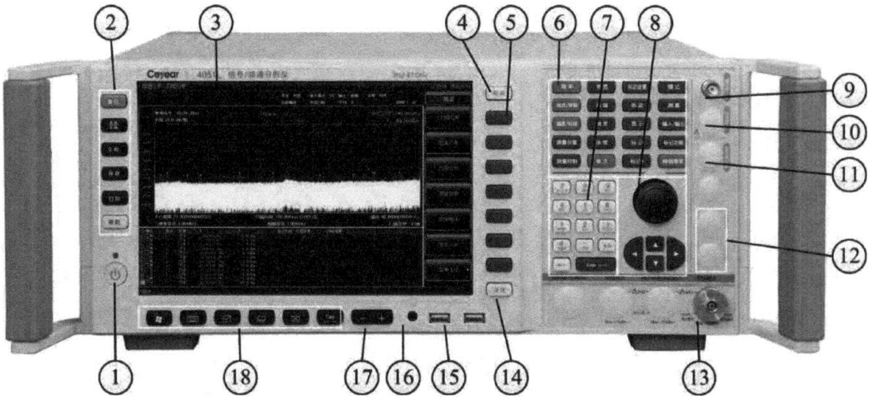

1—电源按钮;2—系统功能键区;3—显示区;4—取消键;5—软键区;6—测量设置键区;7—数字键区;8—旋钮、方向键;9—触发输入;10—音频输入;11—噪声源驱动;12—外混频接口;13—射频输入;14—返回键;15—USB 接口;16—耳机插孔;17—音量键;18—窗口键区

图 3-17　思仪 4051 系列频谱分析仪前面板

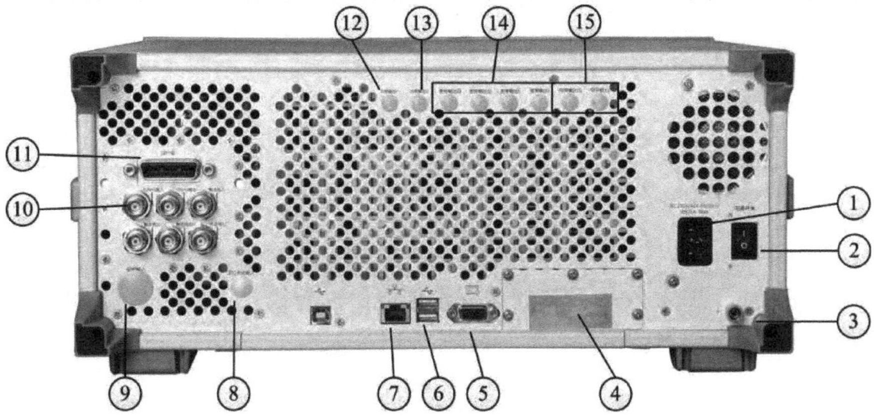

1—电源输入接口;2—电源开关;3—接地端子;4—40/200 MHz 带宽数字接口;5—监视器;6—USB 接口;7—LAN 接口;8—定位天线输入;9—射频输入;10—BNC 输入/输出;11—GPIB 接口;12—中频输出 1;13—中频输出 2;14—宽带重构中频/视频信号输出;15—重构中频/视频信号输出

图 3-18　思仪 4051 系列频谱分析仪后面板

表 3-1　测量设置键区按键名称与功能说明

按键名称	功能说明
频　率	设置当前测量频率范围的中心频率、起始和终止频率、频率步进;设置频率偏移、自动调谐和信号跟踪功能
频宽/横轴	设置要分析的频率跨度或返回前次频宽
幅度/纵轴	设置参考电平、衰减值、刻度类型、刻度大小、单位、参考电平偏置和幅度修正
测量设置	设置测量平均次数、平均类型、限定线、相噪优化、预选器、射频增益、ADC 抖动状态
带　宽	设置分辨率带宽、视频带宽、视频带宽/分辨率带宽、频宽/分辨率带宽、滤波器类型及滤波器带宽
扫　描	设置扫描时间、扫描点数;选择连续测量或单次测量

续表 3-1

按键名称	功能说明
触　发	选择触发模式、触发阈值、触发延迟和触发阻断时间
连　续	选择连续测量
单　次	选择单次测量
自动设置	启用机械衰减器、分辨率带宽、视频带宽、视频带宽/分辨率带宽、频宽/分辨率带宽、扫描时间和频率步进的自动设置
轨　迹	用于获取和分析测量数据的迹线配置
Demod	用于音频解调;AM、FM音频监听及参数设置
显　示	设置显示线、语言、格线、状态区、频率信息状态
标　记	设置和定位绝对和相对测量标记(标记和差值标记)
标记→	把标记频率设置为中心频率,当前标记频率作为步进基准;标记频率设置为起始频率,标记频率设置为终止频率,标记电平设置为参考电平
模　式	设置信号/频谱分析仪的测量模式
测　量	设置当前模式下的测量功能
输入/输出	设置频率参考、耦合方式、输入端口、校准端口、高/中频输出开关、对数检波输出开关
标记功能	提供测量标记的附加分析功能:标记计数、音频解调、噪声标记、*n* dB测量、带宽功率、带宽密度
峰值搜索	对活动标记执行峰值搜索,进行标记间差值计算,标记频率设置为中心频率,标记电平设置为参考电平。如果没有标记处于活动状态,则激活正常标记1,对其执行峰值搜索

图3-19显示的是思仪4051系列频谱分析仪频谱分析模式下的一个测量界面,界面说明如表3-2所列。

表3-2　测量界面说明

编　号	说　明
1	显示当前的测量模式/测量功能
2	用于测量设置的输入字段
3	显示仪器当前设置信息,如参考时钟(内部/外部)、输入源、触发方式、扫描方式、衰减器衰减值、轨迹平均类型及平均次数、时间门开/关等
4	显示轨迹信息
5	显示激活的标记信息
6	显示网格区域数据的测量设置。本图例中包括参考电平、刻度类型、刻度/格、中心频率、扫描时间(扫描点数)、频宽、分辨率带宽、视频带宽、扫描类型
7	显示仪器和状态信息、测量进度以及提示错误信息
8	显示测试图表
9	显示最近一次按键对应的软键菜单

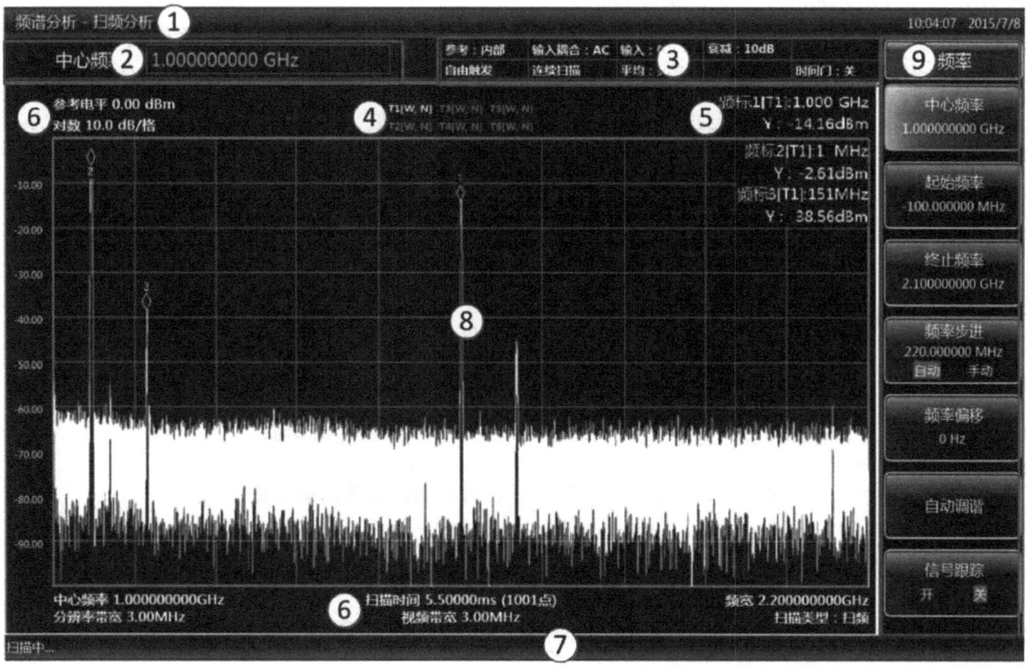

图 3－19　思仪 4051 系列频谱分析仪测量界面(频谱分析模式)

3.6.2　测量技巧

1. 提高幅度测量精度

频谱分析仪的校准功能用于自动调整仪器内部的多种易变参数,以抵消环境变化对测量精度的影响。在环境条件变化显著的情况下,利用这一功能可以提高测量的准确性。

当测试待测设备(DUT)时,连接不良、阻抗失配等因素可能导致频谱分析仪的测量结果出现较大误差。为了解决这个问题,可以采用频谱分析仪提供的幅度修正功能,使用标准设备来校准连接,从而提升测量精度。

2. 小信号的测量技巧

将参考电平设置得较低,以避免信号过载并保留动态范围;衰减器衰减值设置在 0 dB 以减少信号损失;如果仪器配备有前置放大器,应将其打开以增大信号幅度;降低分辨率带宽以提高频率分辨率,从而更准确地捕捉小信号;减小视频带宽以减少噪声并清晰地显示信号;启用视频平均功能以平滑显示效果,突出小信号的特征。

3. 测量 1 dB 增益压缩值

双音法测试:将一个小功率信号输入信号/频谱分析仪,再将一个频率间隔为 3 MHz 的大功率信号输入信号/频谱分析仪。持续改变大功率信号的功率,直至其引起小功率信号功率测量值降低至最接近 1 dB,此时大功率信号的功率值即为 1 dB 增益压缩值。

4. 识别内部失真

通过改变衰减器衰减值设置可识别内部失真,若读数变化明显,则判断为内部产生失真;

若读数无变化，则判断为外部信号失真。

图 3－20 展示了当大小信号同时存在时如何测量动态范围：衰减器衰减值设置大时，内部失真小，利于测量大信号，但显示平均噪声电平高，不利于测量小信号；衰减器衰减值设置小时，内部失真大，不利于测量大信号，但显示平均噪声电平低，利于测量小信号。

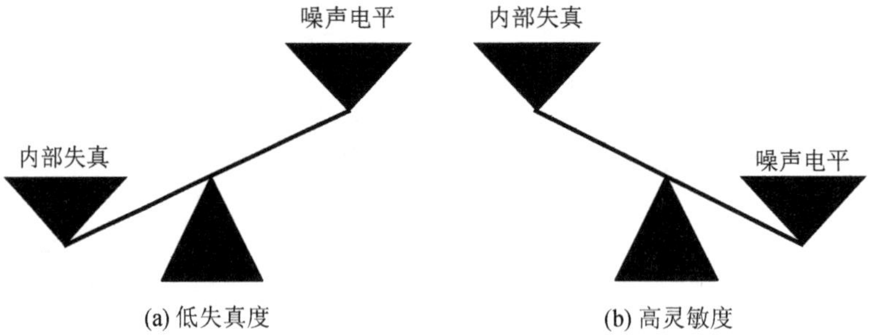

图 3－20　大小信号同时存在时的动态范围测量方法

3.6.3　频谱分析

频谱分析步骤概述如下，实际测量时应根据具体情况和需求灵活调整。

1. 观测信号频率成分

设置中心频率：先按【频率】键，再按【中心频率】键，设定中心频率。

设置扫频宽度：按【频宽/横轴】键，输入显示的频率范围。

设置参考电平：按【幅度/纵轴】键，输入参考电平。

2. 手动测量频率、功率、失真等

设置复位：按【复位】键，将仪器恢复到一个已定义的配置状态。

执行扫描：按【单次】键，执行单次扫描。

标记功能：按【标记】键，标记 1 被激活，并被自动设定为中心频率。

峰值显示：按【峰值搜索】键，打开峰值搜索软菜单；依次按【菜单 1/2 ▶】键、【峰值表格 ▶】键、【峰值表格开关】键，打开标记峰值列表新窗口。

3.6.4　谐波测试

谐波测试步骤概述如下，实际测量时应根据具体情况和需求灵活调整。

复位：依次按【模式】键、【频谱分析】键，再按【复位】键。

设置起始频率和终止频率：依次按【频率】键、【起始频率】键，输入起始频率；按【终止频率】键，输入终止频率。基波和二次谐波会同时显示在屏幕上。

提高分辨率：依次按【带宽】键、【视频带宽 自动 手动】键，使手动有效；用步进递减键【↓】减小视频带宽。

设置基波峰值电平值为参考电平：依次按【峰值搜索】键、【标记→参考电平】键，以提高测量精度。

激活第二标记：先依次按【峰值搜索】键、【差值标记】键，再依次按【峰值搜索】键、【次峰值】键，此时固定标记标注在基波上，活动标记位于二次谐波的峰值点上。

若要测量三次谐波，则再依次按【峰值搜索】键、【右邻峰值】键，继续读取想要测量的其他谐波与基波的幅度比值。

3.6.5　三阶交调测试

三阶交调测试步骤概述如下，实际测量时应根据具体情况和需求灵活调整。

连接：将两个信号源的射频输出端口通过定向耦合器连接，并将被测件放置在定向耦合器输出端口与频谱分析仪输入端口之间。

设置信号源：设置一个信号源的频率为 500 MHz，再设置另一个信号源的频率为 510 MHz，使得信号源之间的频率间隔为 10 MHz。设置两个信号源的功率使得频谱分析仪测量的幅度相等，本例中设置为－2.0 dBm。

频谱分析模式：依次按【模式】键、【频谱分析】键。

复位：按【复位】键。

初始化三阶交调测量：依次按【测量】键、【菜单 1/2▶】键、【三阶交调】键，设置测量功能为三阶交调测量。

设置分析仪中心频率：依次按【频率】键、【中心频率】键，设置仪器的中心频率，本例中设置为505.0 MHz。

设置分析仪频宽：依次按【频宽/横轴】键、【频宽】键，设置仪器的频宽，本例中设置为 50.0 MHz。此时显示出基波频率和功率以及三阶交调频率和功率，并给出了三阶截断值。

3.6.6　模拟调制信号测量

1. AM(调幅)信号解调

(1) 线性频谱分析法

线性显示方式：先用频标功能读出载波频率，再用频标差值功能读出调制频率，进而可读出对应的载波幅度和边带幅度，从而可根据如下公式计算调制深度 M。

$$M=\frac{2A_S\times 100}{A_C} \tag{3-7}$$

式中：A_S 为边带幅度，V；A_C 为载波幅度，V；$M=m\times 100\%$，m 为调制度。

(2) 对数频谱分析法

对数显示方式：先用频标功能读出载波频率，再用频标差值功能读出调制频率，进而可读出对应的载波幅度和边带幅度，从而可根据如下公式计算调幅深度。图 3－21 为对数显示方式下的读数方式。

调制频率 $f_m=\Delta f$

调幅深度

$$AM\%=200\times 10^{-\left(\frac{\Delta dB}{20}\right)}\% \tag{3-8}$$

(3) 时域法

时域法(零扫频宽度下)：先用频标差值功能读出调制频率，再用相对于满刻度的相对幅度测量调制深度，图 3－22 为零扫频宽度下的读数方式。

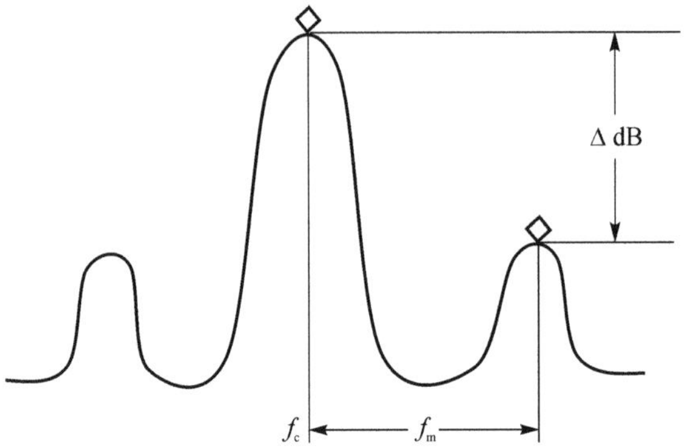

图 3-21　对数显示方式下的读数方式

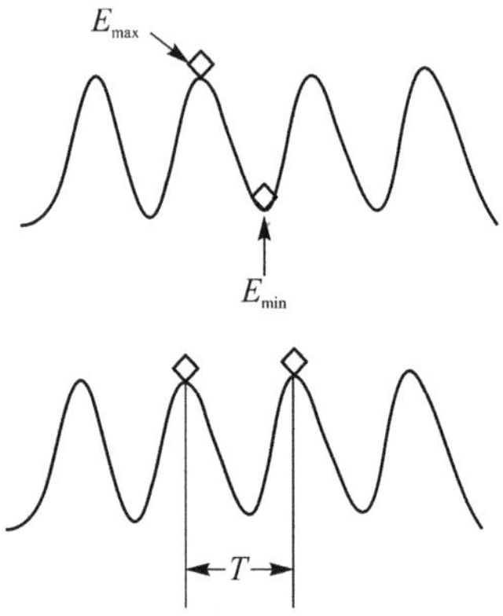

图 3-22　零扫频宽度下的读数方式

调制频率

$$f_m = \frac{1}{T} \tag{3-9}$$

调制度

$$m = \frac{1 - \dfrac{E_{min}}{E_{max}}}{1 + \dfrac{E_{min}}{E_{max}}} \tag{3-10}$$

2. FM(调频)信号解调

(1) 窄带调频

FM 信号的频谱由无限个边带组成,但在窄带调频情况下,其只有两个主要的边带。图 3-23 为窄带 FM 信号测量。

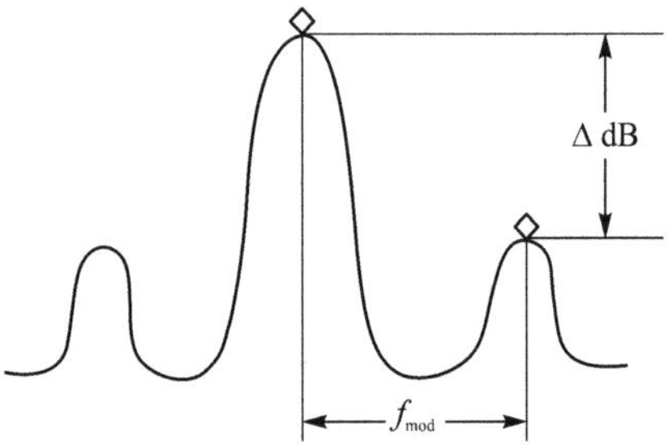

图 3-23　窄带 FM 信号测量

调频频率

$$f_{mod} = \Delta f \tag{3-11}$$

调频指数

$$\beta = \frac{\Delta f_{peak}}{f_{mod}} = 2 \times 10^{\left(\frac{\Delta dB}{20}\right)} \tag{3-12}$$

式中:Δf_{peak} 为最大调频频偏。

(2) 边带为零

在一些特定的调频指数(β)下,FM 信号的边带成对地消失。表 3-3 所列是边带过零调制指数。

调频频率 $f_{mod} = \Delta f$;最大调频频偏 $\Delta f_{peak} = \beta \times \Delta f$。

(3) Haberly 法

在宽带调频中,许多边带对称地分布在载波两侧。随着与载波距离的增加,边带幅度连续递减。图 3-24 为基于 Haberly 法的 FM 信号测量。

表 3-3　边带过零调制指数

零　点	调制指数(β)	零　点	调制指数(β)
1	3.83	4	13.32
2	7.02	5	16.47
3	10.17	6	19.62

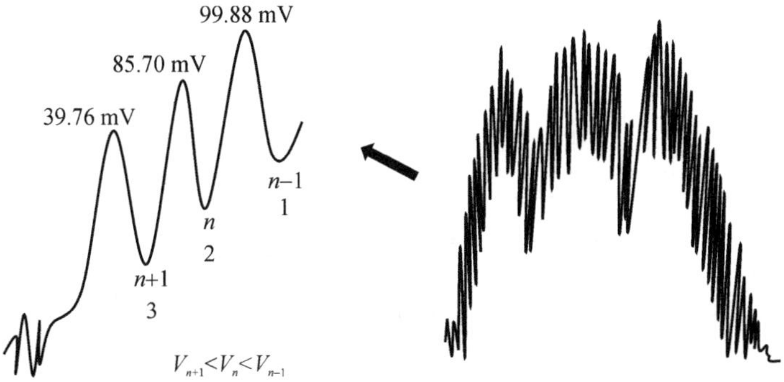

图 3-24　基于 Haberly 法的 FM 信号测量

按照规则计算宽带调频参数：

① 寻找 3 个邻近边带，其幅度随着与载波距离的增加而依次减小；

② 采用对数显示方式，单位为 mV；

③ 从离开载波算起确定 n 值，第 1 对边带 $n=1$，第 2 对边带 $n=2$，…，第 n 对边带 $n=n$；

④ 计算调制指数 $\beta=\dfrac{2nV_n}{V_{n-1}+V_{n+1}}$。

(4) 脉冲调制信号测量

脉冲调制信号测量是指在频域内测量脉冲谱的各特征参数：载波频率、脉冲重复频率、脉冲宽度、脉冲周期、峰值脉冲功率。

1) 窄　带

窄带脉冲调制信号测量原理如图 3-25 所示。

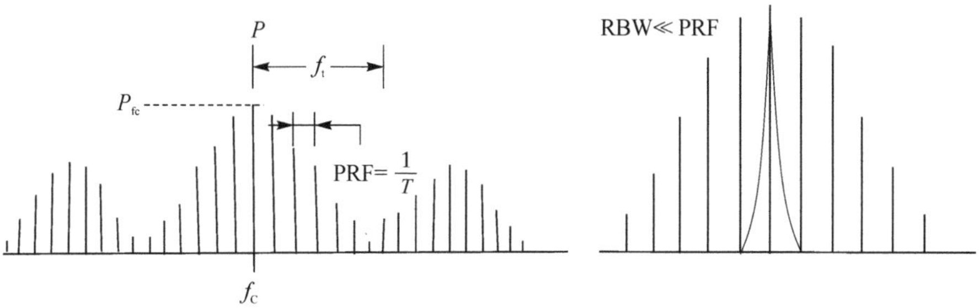

图 3-25　窄带脉冲调制信号测量原理

脉冲重复频率 $PRF=1/T$；

脉冲宽度 $\tau=1/f_t$(两个旁瓣频差的倒数或主瓣宽度一半的倒数)，如图 3-25 所示。

峰值脉冲功率

$$P_P = P_{fc} - 20\log\left(\frac{\tau}{T}\right) \tag{3-13}$$

式中：P_{fc} 为主瓣幅度，dBm；τ 为脉冲宽度，s；T 为脉冲周期，s。

2）宽　带

宽带脉冲调制信号测量原理如图 3 - 26 所示。

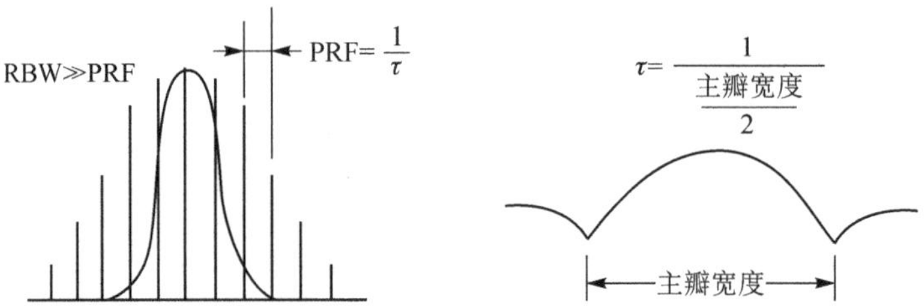

图 3 - 26　宽带脉冲调制信号测量原理

脉冲重复频率 PRF＝$1/\tau$，脉冲宽度 τ 等于主瓣宽度一半的倒数或两个旁瓣频差的倒数，如图 3 - 26 所示。

峰值脉冲功率

$$P_P = P_{fc} - 20\log(\tau \times BW_i) \tag{3-14}$$

式中：P_{fc} 为主瓣幅度，dBm；τ 为脉冲宽度，s；BW_i 为脉冲带宽，Hz，近似为 1.5×测量所用的分辨率带宽。

参考文献

[1] 秦顺友. 频谱分析仪的原理、操作与应用[M]. 2 版. 西安：西安电子科技大学出版社，2022.

[2] 中电科思仪科技股份有限公司. 4051 系列信号/频谱分析仪用户手册[EB/OL]. (2023-06-30)[2025-04-05]. https://ceyear.com/spectrum_analyzer－26? type＝file&act＝95.

[3] 秦顺友. 频谱分析仪的原理、操作与应用[M]. 1 版. 西安：西安电子科技大学出版社，2014.

[4] 李新春. 电信测试仪器原理及应用[M]. 沈阳：东北大学出版社，2008.

第4章

矢量网络分析仪

4.1 矢量网络分析仪概述及系统组成

4.1.1 矢量网络分析仪概述

在网络特性测试中，矢量网络分析仪是核心仪器，它能够在短时间内测试许多特性（如幅度、相位、群时延），获取大量信息；它可以通过史密斯圆图显示端口的阻抗特性，并且可以在时域中进行测量；它还可以根据特定的误差模型进行测量校准并自动修正误差。矢量网络分析仪的理论基础是“黑箱”理论，即通过施加激励信号检测相应的响应信号，再对激励信号和响应信号进行对比分析，最终获得网络外部特性。

4.1.2 系统组成

图 4-1 所示的是矢量网络分析仪原理框图，可见矢量网络分析仪主要由激励信号源、信号分离电路、混频接收、处理（控制/显示）等模块组成。

矢量网络分析仪接收结构分为 N+1 和 2N 两种类型，原理图如图 4-2 和图 4-3 所示。N+1 接收结构成本更低，使用 SOLT 校准；2N 接收结构成本高，使用 TRL 校准、SOLT 校准、未知直通校准。

1. 激励信号源

激励信号源为测量提供激励信号，具有频率和功率扫描功能，决定了矢量网络分析仪的工作频率范围。传统的分体式矢量网络分析仪使用外部分离式激励信号源，现代的矢量网络分析仪使用内部集成式激励信号源。图 4-4 为激励信号源原理图。

2. 信号分离电路

信号分离电路负责分离入射和反射信号，以产生测量用的参考信号。由于信号经过不同路径会有不同程度的损耗[1]，因此需要采用信号分离装置对信号的初始信息进行提取和保留。常见信号分离电路构成器件有功分器、定向耦合器、定向电桥，如图 4-5 所示。

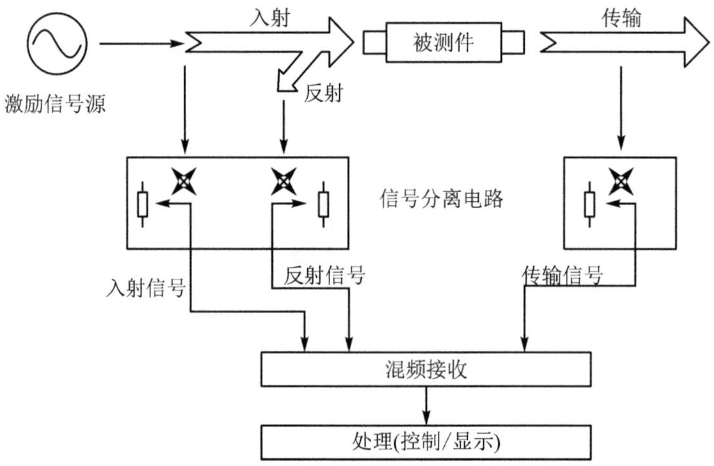

图 4-1　矢量网络分析仪原理框图

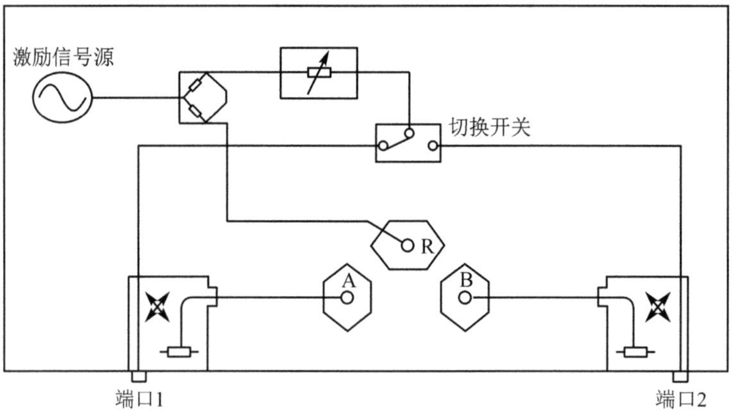

图 4-2　N+1 接收结构原理图

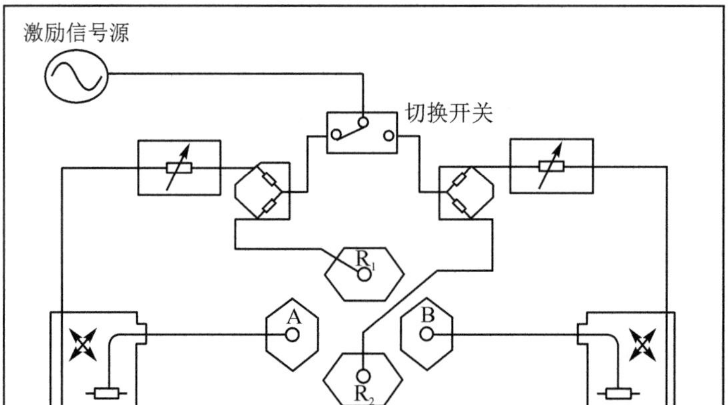

图 4-3　2N 接收结构原理图

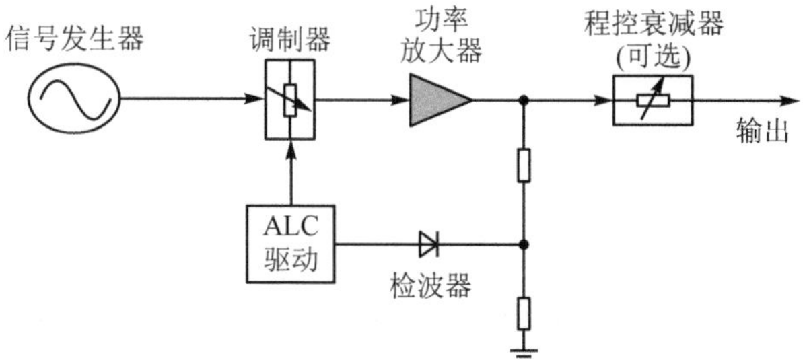

图 4-4　激励信号源原理图

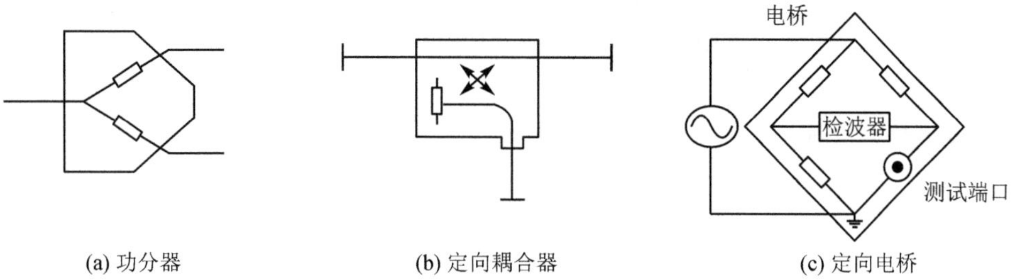

(a) 功分器　　(b) 定向耦合器　　(c) 定向电桥

图 4-5　信号分离电路构成器件

3. 混频接收模块和处理(控制/显示)模块

混频接收模块负责接收信号分离电路输出的信号并进行混频分析，之后将得到的数据信息传输给处理(控制/显示)模块[2-3]。处理(控制/显示)模块则对信号进行综合数据处理，并显示测量结果。

混频接收和处理(控制/显示)模块多采用取样器与混频器，图 4-6 和图 4-7 所示分别为取样器与混频器的基本结构。

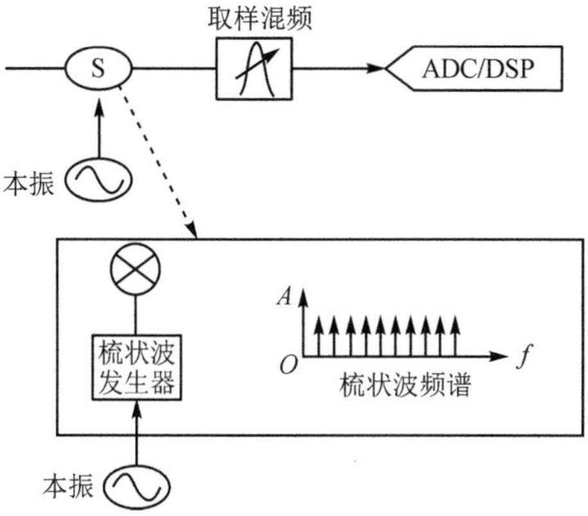

图 4-6　取样器基本结构

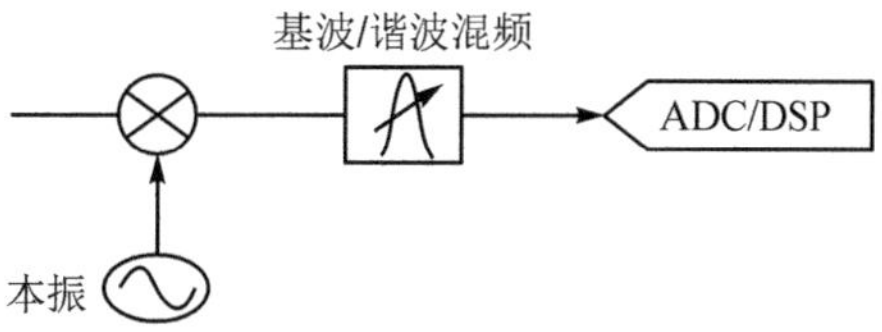

图 4-7　混频器基本结构

4.2 测量参数

4.2.1 S 参数

S 参数用于描述多端口网络输入、输出端的输入波与输出波之间的关系。它是一种无量纲的散射参数，也是复数，包括幅度和相位。矢量网络分析仪可以直接测量 S 参数，也可以通过 S 参数计算得到其他相关参数[4]。S 参数的编号习惯是：S 下标的第一个数字表示能量出射的端口，第二个数字则表示能量进入的端口。二端口网络 S 参数模型如图 4－8 所示，S_{21} 是由于对端口 1 加入激励而从端口 2 输出的信号的量度。

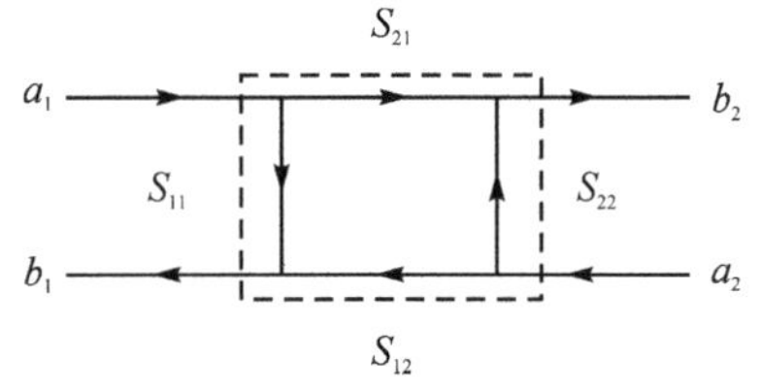

图 4－8　二端口网络 S 参数模型

S 参数测量网络如图 4－9 所示，由图可得：

$$b_1 = S_{11}a_1 + S_{12}a_2 \tag{4-1}$$

$$b_2 = S_{21}a_1 + S_{22}a_2 \tag{4-2}$$

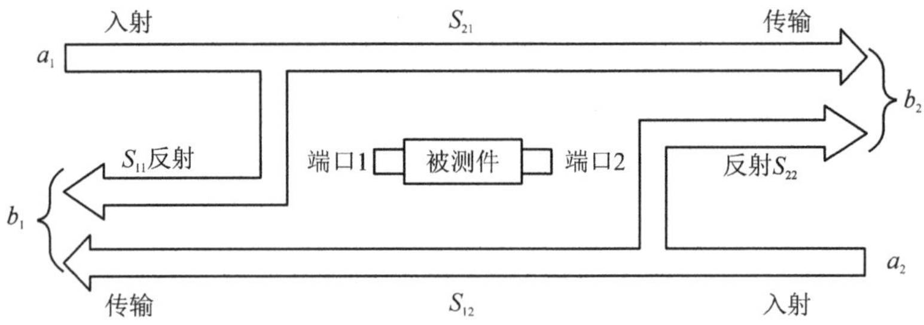

图 4－9　S 参数测量网络

S 参数测量网络可拆分为正向部分和反向部分，分别如图 4－10 和图 4－11 所示，由图可得

$$A = S_{11}R_1 + S_{12}R_2 \tag{4-3}$$

$$B = S_{21}R_1 + S_{22}R_2 \tag{4-4}$$

进而可得

$$S_{11} = \frac{反射信号}{入射信号} = \frac{A}{R_1} \Big|_{R_2=0} \tag{4-5}$$

$$S_{21} = \frac{传输信号}{入射信号} = \frac{B}{R_1} \Big|_{R_2=0} \tag{4-6}$$

$$S_{12} = \frac{传输信号}{入射信号} = \frac{A}{R_2} \Big|_{R_1=0} \tag{4-7}$$

$$S_{22} = \frac{反射信号}{入射信号} = \frac{B}{R_2} \Big|_{R_1=0} \tag{4-8}$$

式(4－5)～式(4－8)表明，若端口 2 匹配，则 S_{11} 是端口 1 的反射系数，S_{21} 是正向传输系数；若端口 1 匹配，则 S_{22} 是端口 2 的反射系数，S_{21} 是反向传输系数。

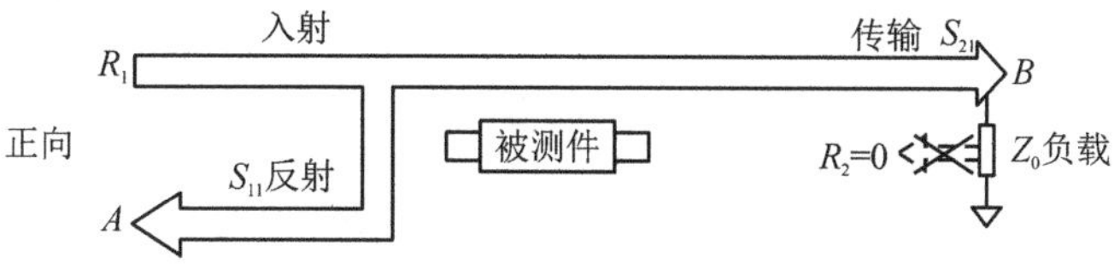

图 4-10　测量网络(正向部分)

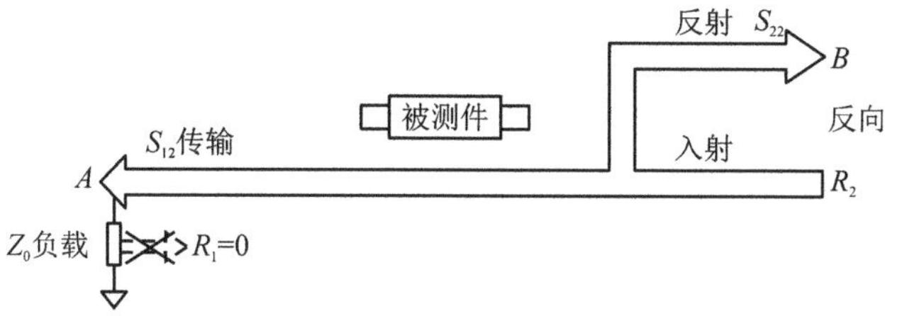

图 4-11　测量网络(反向部分)

4.2.2　其他参数

1. 反射参数

反射参数包含反射系数、回波损耗、电压驻波比等。图 4-12 所示为反射示意图。

图 4-12　反射示意图

(1) 反射系数

反射系数包括幅度和相位信息,它是反射电压与入射电压的比值,表达式如下:

$$\Gamma=\frac{V_{反射}}{V_{入射}}=\rho\Phi=\frac{Z_{\mathrm{L}}-Z_{\mathrm{O}}}{Z_{\mathrm{L}}+Z_{\mathrm{O}}} \tag{4-9}$$

(2) 回波损耗

回波损耗是反射信号与入射信号的差值,表达式如下:

$$\mathrm{RL}=-20\ \lg\rho,\rho=|\Gamma| \tag{4-10}$$

(3) 电压驻波比

驻波是由两组波在同一传输线上沿相反方向传输引起的。电压驻波比是指频率一定时,最大射频包络电压与最小射频包络电压的比值[5],表达式如下:

$$\mathrm{VSWR}=\frac{V_{\max}}{V_{\min}}=\left|\frac{1+\rho}{1-\rho}\right| \tag{4-11}$$

图 4-13 展示了电压驻波波形。图 4-14 所示为反射系数幅度、回波损耗、电压驻波比从无反射到全反射的变化。

2. 传输参数

传输参数包含传输系数、插入损耗、增益等,图 4-15 所示为传输示意图。

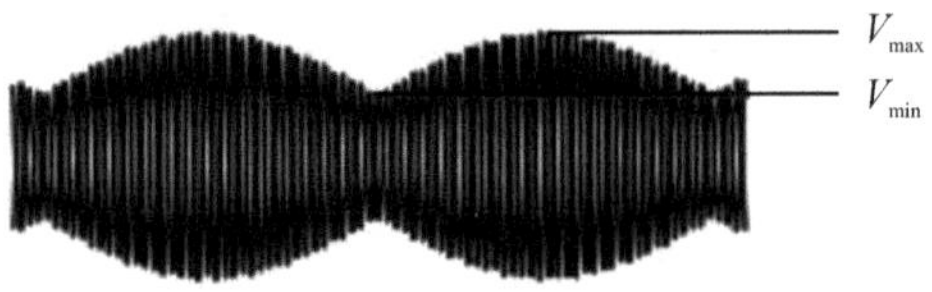

图 4-13 电压驻波波形

图 4-14 3 种反射系数变化范围

图 4-15 传输示意图

(1) 传输系数

传输系数也包括幅度和相位信息，它是传输电压与入射电压的比值，表达式如下：

$$T=\frac{V_{传输}}{V_{入射}}=\tau\Phi \tag{4-12}$$

(2) 插入损耗

插入损耗是指插入元件或电缆产生的信号损耗，单位为 dB，其表达式如下：

$$L=-20\ \lg\left|\frac{V_{传输}}{V_{入射}}\right|=-20\ \lg\tau \tag{4-13}$$

(3) 增　益

增益的表达式与插入损耗的表达式原理相通，是指信号通过特定元件后的增强程度，单位为 dB，因此其表达式如下：

$$G=20\ \lg\left|\frac{V_{传输}}{V_{入射}}\right|=20\ \lg\tau \tag{4-14}$$

4.3 矢量网络分析仪的校准与误差修正

4.3.1 校准件

矢量网络分析仪进行参数测量时会带有系统误差，因此首先需修正系统误差，误差修正的过程即为校准。具体地，通过测量性能已知的校准件并参照误差模型即可修正系统误差，从而提高测量精度。

校准件是具有精确特性的器件，且这些特性是已知的。校准件中包含各类器件，如开路器、短路器、匹配负载等，如图 4-16 所示。

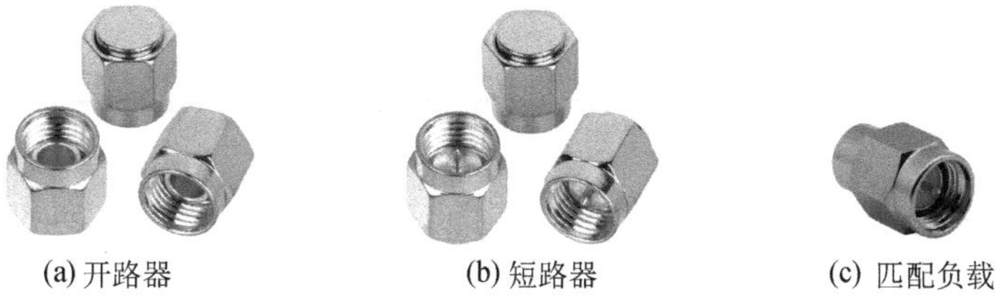

图 4-16　各类校准件

4.3.2　误差类型

矢量网络分析仪的误差包含系统误差、随机误差、漂移误差等多种类型。系统误差源于矢量网络分析仪整机和测试组成附件性能指标非理想，在可预知的情况下一般假定这种误差不随时间变化。随机误差是随时间随机变化且不可预知的，其主要来源是仪器噪声以及开关和连接器的重复性问题，这种误差应尽量减小。漂移误差是由校准完成后系统性能产生变化导致的，系统性能变化主要由环境温度改变引起。图 4-17 展示了误差与测量数据、器件特性之间的关系。

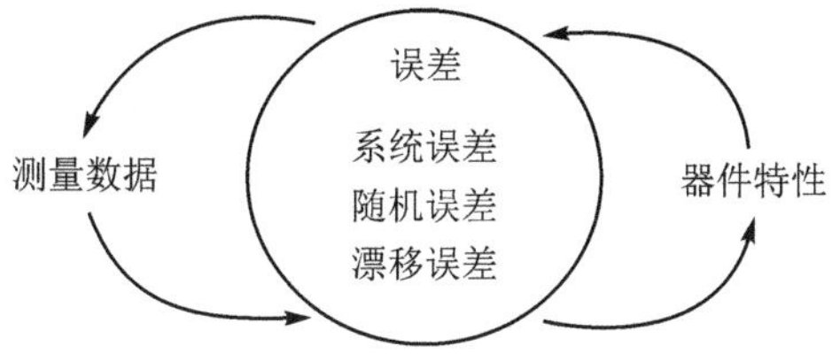

图 4-17　误差与测量数据、器件特性之间的关系

图 4-18 所示为系统误差示意图。两端口矢量网络分析仪存在正向 6 个和反向 6 个共计 12 个误差项，其频率响应包含反射跟踪（A/R）和传输跟踪（B/R），二者均属于系统误差。下文将简要介绍系统误差的主要类型。

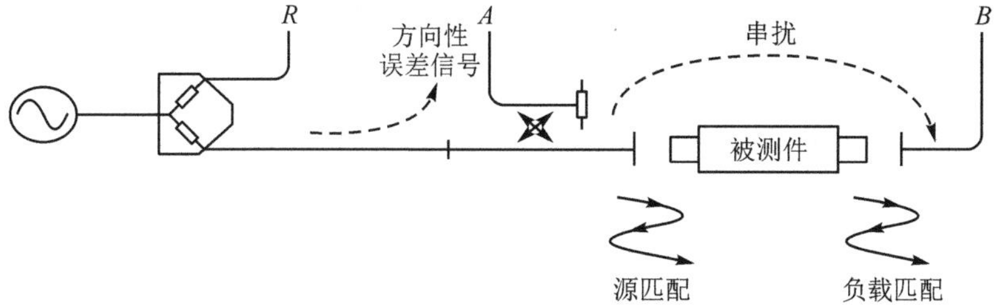

图 4-18　系统误差示意图

1. 方向性误差

方向性误差是指反射接收机接收的非被测件反射信号，主要受定向耦合器的方向性指标影响。方向性指标数值越大，信号分离性能越强，从而使方向性误差越小。图 4-19 为方向性误差示意图，图 4-20 为关于方向性指标的补充描述。理想情况下，定向耦合器的方向性指标无穷大，但实际中反射信号与入射信号不可能完全分离，并且还会有外部无关信号流入，从而导致方向性误差[6]。

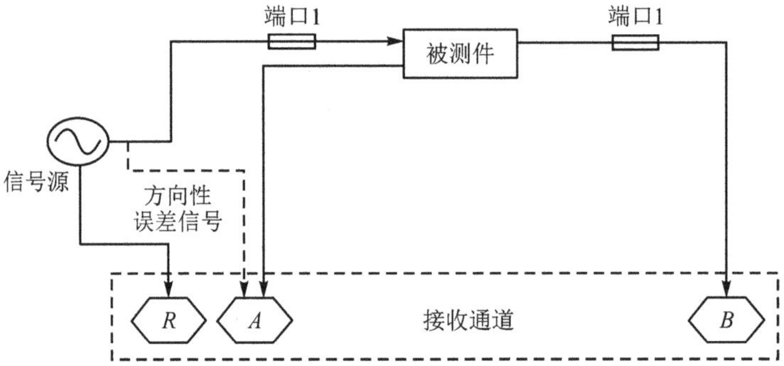

图 4-19　方向性误差示意图

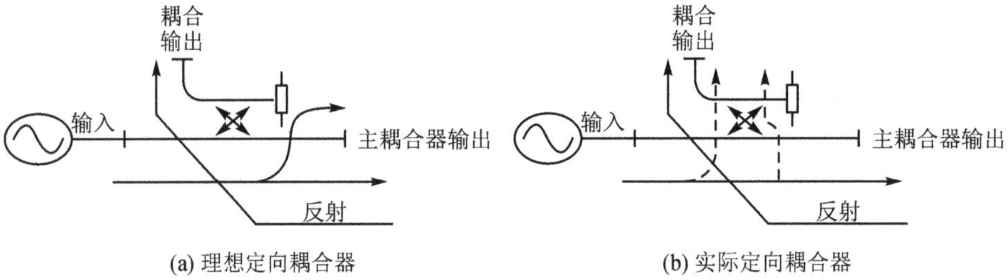

图 4-20　方向性指标的补充描述

2. 串扰误差

测试接收机接收到的非被测件传输信号称为串扰误差，其大小主要取决于接收机各通道的隔离指标。矢量网络分析仪的数字检波器主要受到两处串扰的影响：一处是参考通道和测试通道之间的干扰信号，一处是射频和中频部分接收机泄漏的信号。图 4-21 为串扰误差示意图。

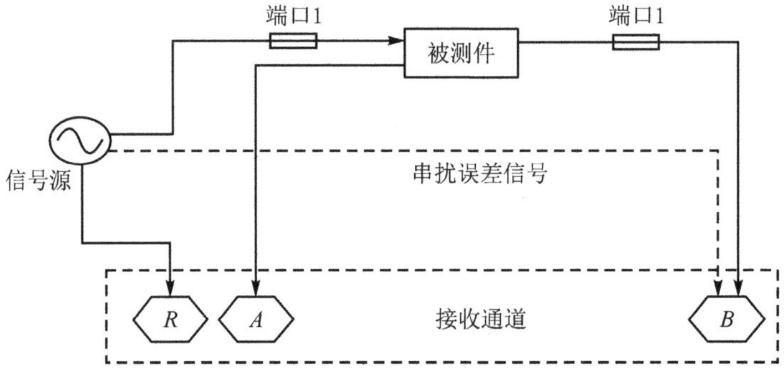

图 4-21　串扰误差示意图

3. 源匹配和负载匹配误差

图 4-22 为源匹配、负载匹配误差示意图，可知激励端口非理想匹配产生源失配误差，接收端口的非理想匹配产生负载匹配误差。图 4-23 为关于源匹配和负载匹配的补充描述。源

匹配误差主要产生于反射测量，即被测件的部分反射信号返回信号源被反射而再次入射，形成二次入射和反射，从而引入误差。负载匹配误差主要产生于传输测量，被测件的部分传输信号在接收端口发生反射，经被测件反向传输形成非实际反射信号，从而引入误差[5]。

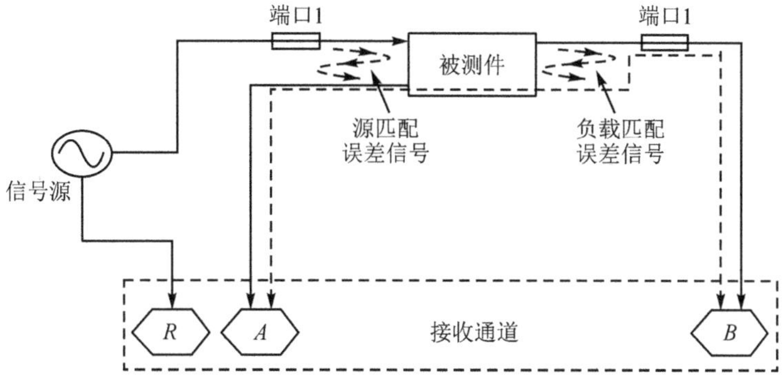

图 4-22　源匹配、负载匹配误差示意图

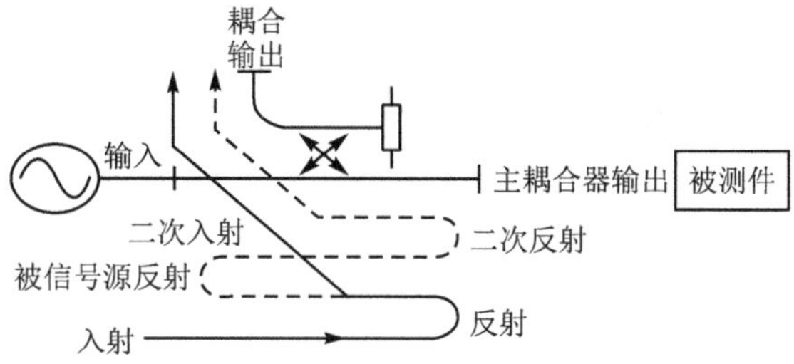

(a) 源匹配

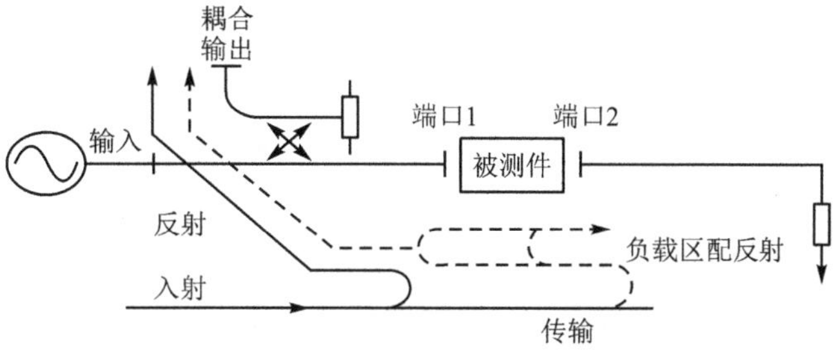

(b) 负载匹配

图 4-23　源匹配与负载匹配的补充描述

4. 反射跟踪误差

参考测量通道和反射测量通道间所有测试装置(信号分离装置、内部互连电缆、接收机等)产生的频率响应偏差称为跟踪误差[5]。其中，矢量网络分析仪进行反射测量时产生的跟踪误差即为反射跟踪误差，其示意图如图 4-24 所示。参考测量通道和反射测量通道的频率响应在理想情况下一致，但实际中二者的频响会出现偏差，从而引起反射跟踪误差。

5. 传输跟踪误差

与反射跟踪误差类似，矢量网络分析仪进行传输测量时，参考测量通道和传输测量通道间

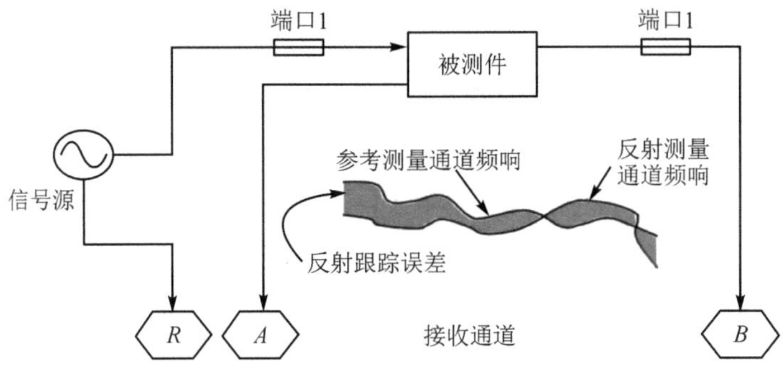

图 4-24　反射跟踪误差示意图

所有测试装置的频率响应偏差引起的跟踪误差即为传输跟踪误差[5]，其示意图如图 4-25 所示。

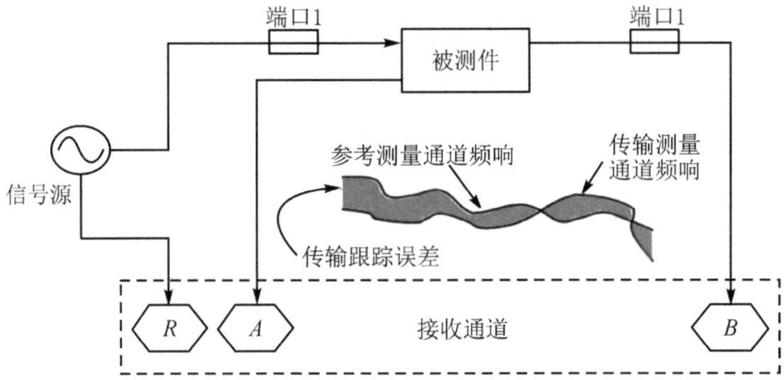

图 4-25　传输跟踪误差示意图

4.3.3　矢量网络分析仪校准

矢量网络分析仪校准方法与器件多种多样，表 4-1 总结了部分矢量网络分析仪校准方法及其应用场景和标准[6]。

表 4-1　矢量网络分析仪校准方法及其应用场景和标准

校准方法	适合的测量类型	修正的误差项	采用的校准标准与校准件
响应校准	对精度要求不高的反射/传输测量	传输跟踪或反射跟踪(共 1 项)	传输响应采用零直通标准；反射响应采用开路器或短路器
响应与隔离校准	对精度要求不高的大动态范围传输测量	传输跟踪、串扰(共 2 项)	零直通标准和 2 个负载(共 3 种)
单端口校准	高精度单端口、非测量端口匹配端接或与测量端口形成良好隔离的双端口器件反射测量	方向性、反射跟踪、源匹配(共 3 项)	开路器、短路器、负载(共 3 种)
增强响应校准	单向的反射和传输测量	方向性、反射跟踪、源匹配、传输跟踪(共 4 项)	单端口的开路器、短路器、负载和零直通标准(共 4 种)

续表 4－1

校准方法	适合的测量类型	修正的误差项	采用的校准标准与校准件
双端口校准	插入式双端口器件的高精度反射和传输测量	正向和反向的方向性、反射跟踪、源匹配、传输跟踪、负载匹配和串扰（共 12 项）	双端口的开路器、短路器、负载和零直通标准（共 7 种）
未知直通校准	非插入式双端口器件的高精度反射和传输测量	正向和反向的方向性、反射跟踪、源匹配、传输跟踪、负载匹配（共 10 项）	双端口的开路器、短路器、负载和零直通标准（共 7 种）
快速 SOLT 校准	插入式双端口器件的高精度反射和传输测量	正向和反向的方向性、反射跟踪、源匹配、传输跟踪、负载匹配共（共 10 项）	单端口的开路器、短路器、负载和零直通标准（共 4 种）

1. 单端口校准

单端口误差修正过程：完成响应测量后，利用 3 个误差项进行计算后修正误差。图 4－26 所示为单端口误差模型，其中 E_D 为方向性误差，E_R 为反射跟踪误差，E_S 为源匹配误差，S_{11m} 为测量参数，S_{11} 为被测件真实值。

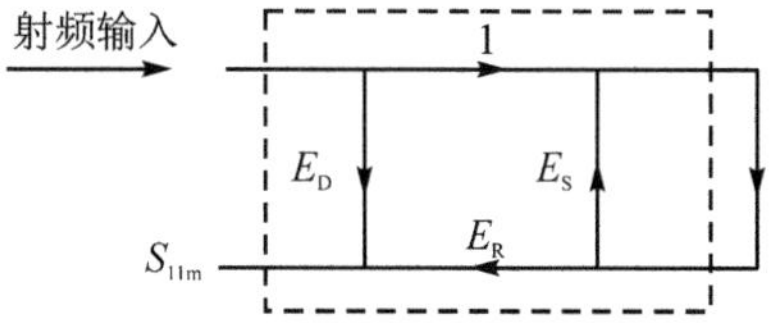

图 4－26　单端口误差模型

由该模型可以推得

$$S_{11m}=E_D+E_R\frac{S_{11}}{1-E_S S_{11}} \tag{4-15}$$

$$S_{11}=\frac{S_{11m}-E_D}{S_{11m}E_S-E_D E_S+E_R} \tag{4-16}$$

将测量 3 个已知校准标准得到的 3 个测量等式组成方程组，求解误差项；测量时使用误差修正公式得到被测件真实值。

2. 双端口校准

双端口误差模型包含 12 项误差，实际上由 2 个独立的 6 项子误差模型组成：正向误差模型和反向误差模型，如图 4－27 和图 4－28 所示。

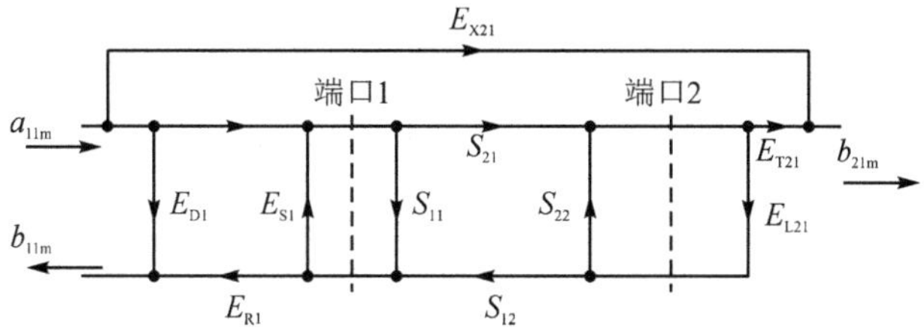

图 4－27　正向误差模型

图 4－27 中，E_{D1} 为正向方向性误差，E_{S1} 为正向源匹配误差，E_{R1} 为正向反射跟踪误差，E_{T21} 为正向传输跟踪误差，E_{L21} 为正向负载匹配误差，E_{X21} 为正向串扰误差。图 4－28 中，E_{D2} 为反向方向性误差，E_{S2} 为反向源匹配误差，E_{R2} 为反向反射跟踪误差，E_{T12} 为反向传输跟踪误差，E_{L12} 为反向负载匹配误差，E_{X12} 为反向串扰误差。

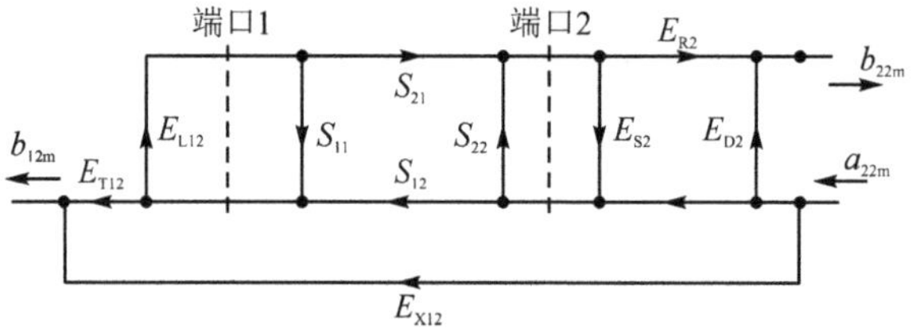

图 4-28　反向误差模型

由双端口误差模型可以推得

$$S_{11A}=\frac{\left\{\left(\frac{S_{11m}-E_{DF}}{E_{RF}}\right)\left[1+\left(\frac{S_{22m}-E_{DR}}{E_{RR}}\right)E_{SR}\right]\right\}-\left[\left(\frac{S_{21m}-E_{XF}}{E_{TF}}\right)\left(\frac{S_{12m}-E_{XR}}{E_{TR}}\right)E_{LF}\right]}{\left[1+\left(\frac{S_{11m}-E_{DF}}{E_{RF}}\right)E_{SF}\right]\left[1+\left(\frac{S_{22m}-E_{DR}}{E_{RR}}\right)E_{SR}\right]-\left[\left(\frac{S_{21m}-E_{XF}}{E_{TF}}\right)\left(\frac{S_{12m}-E_{XR}}{E_{TR}}\right)E_{LF}E_{LR}\right]} \tag{4-17}$$

$$S_{21A}=\frac{\left(\frac{S_{21m}-E_{XF}}{E_{TF}}\right)\left[1+\left(\frac{S_{22m}-E_{DR}}{E_{RR}}\right)(E_{SR}-E_{LF})\right]}{\left[1+\left(\frac{S_{11m}-E_{DF}}{E_{RF}}\right)E_{SF}\right]\left[1+\left(\frac{S_{22m}-E_{DR}}{E_{RR}}\right)E_{SR}\right]-\left[\left(\frac{S_{21m}-E_{XF}}{E_{TF}}\right)\left(\frac{S_{12m}-E_{XR}}{E_{TR}}\right)E_{LF}E_{LR}\right]} \tag{4-18}$$

3. TRL 校准

TRL(Through-Reflect-Line)校准使用直通(Through)校准件、反射(Reflector)校准件和传输延迟线(Line)校准件,其校准件更容易制造和表征定义。TRL 校准为准完全校准,可以消除方向性误差、源匹配误差、负载匹配误差、反射跟踪误差、传输跟踪误差,因此在非同轴环境(波导、夹具、探针测量)中得到广泛使用,适用于 2N 接收结构的矢量网络分析仪。2N 接收结构原理图如图 4-29 所示。TRL 校准的变形有 LRM(Line-Reflect-Match)校准、TRM(Thru-Reflect-Match)校准等。

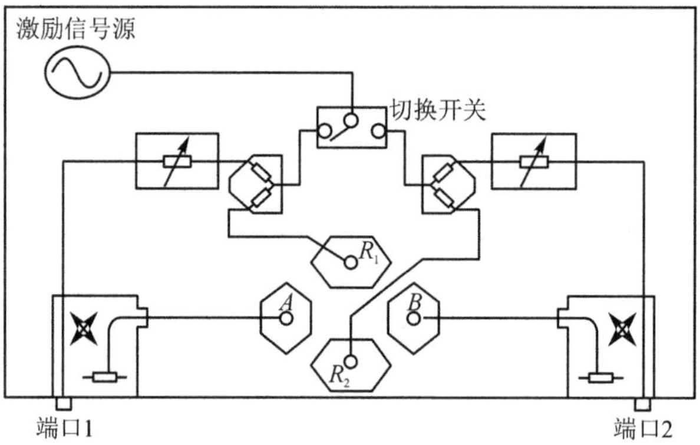

图 4-29　2N 接收结构原理图

TRL 校准参照的是 8 项误差模型(见图 4-30),其由 12 项误差模型中忽略部分误差项得到[7]。

传统矢量网络分析仪测量方法示意如图 4-31 所示,该测量方法对被测件要求严格,须符合标准插入测量相关要求,因此仍有不少器件无法采用该方法进行测量。

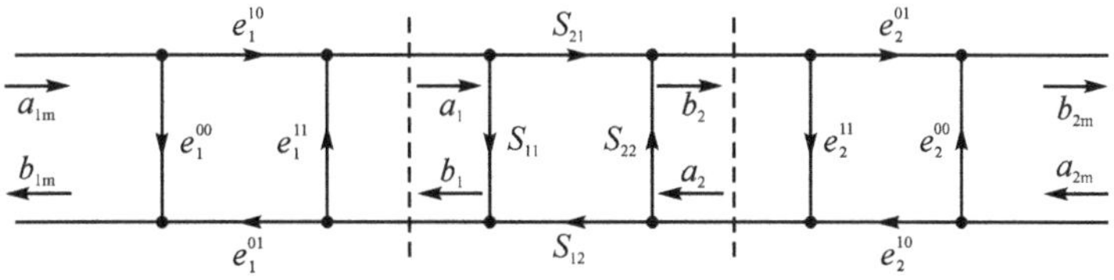

图 4-30　8 项误差模型

图 4-31　传统矢量网络分析仪测量方法示意

4. 非插入校准

非插入校准即使用非标准器件校准，且非标准器件不可直接和矢量网络分析仪两端口连接。常见非标准器件有同轴连接器(双阴/双阳)、同轴-波导器件、微波封装器件与芯片、晶片上器件，如图 4-32 所示。

(a) 同轴连接器

(b) 同轴–波导器件

(c) 微波封装器件与芯片

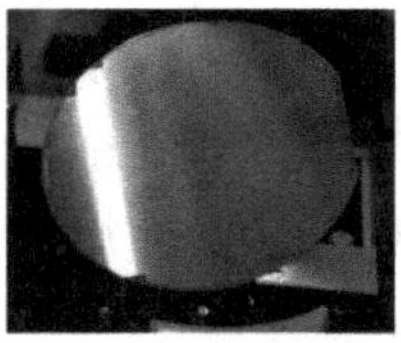

(d) 晶片上器件

图 4-32　各类非标准器件

(1) 传统测量方法

针对非插入器件的传统测量方法是给被测件连接适配器,如图 4-33 所示。但采用传统测量方法会影响测量精度,不仅对插入损耗、驻波有影响,对相位影响更大,如图 4-34 所示。

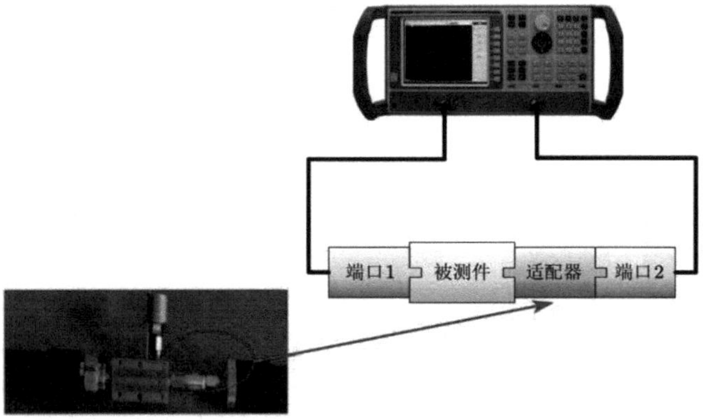

图 4-33　非插入器件传统测量方法示意

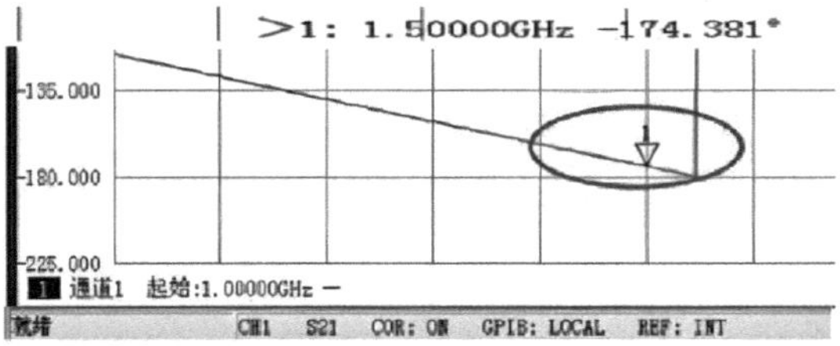

结果比对:相位-123° →-174°

图 4-34　相位影响

(2) 等效适配器替换法

等效适配器替换法步骤如图 4-35 所示。该方法对于精密适配器一致性要求高,且适配器的特性差异和机械磨损等因素都会引入误差。

图 4-35 中,open、short、load、SOLT 分别代表开路器、短路器、负载、全二端口校准。

(3) 端口延伸或去嵌法

端口延伸或去嵌法步骤:

① 在校准端面进行全二端口校准;

② 连接测量用的适配器,通过端口延伸或去嵌消除适配器的影响。

但使用该方法时,若采用端口延伸则无法补偿适配器的失配误差;若采用去嵌则使获取精确的适配器 S 参数文件(s2p 文件)变得非常困难。

(4) 未知直通校准法

未知直通(SOLR)校准法的校准步骤与常见的 SOLT 校准法相同,如图 4-36 所示,具体如下:

① 端口 1 依次连接开路器、短路器、负载;

② 端口 2 依次连接开路器、短路器、负载;

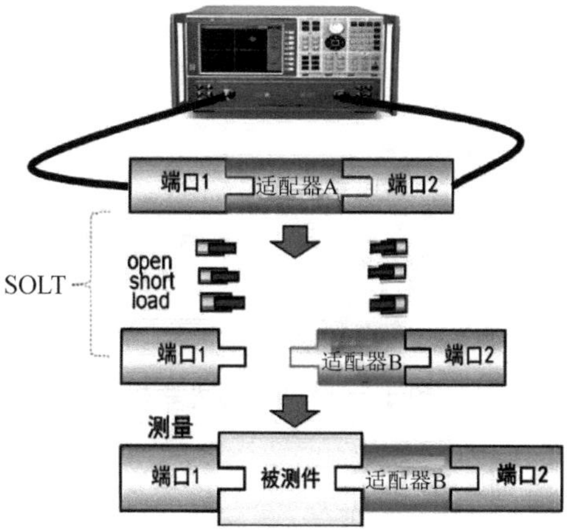

图 4－35　等效适配器替换法步骤

③ 适配器直通测量；

④ 被测件测量。

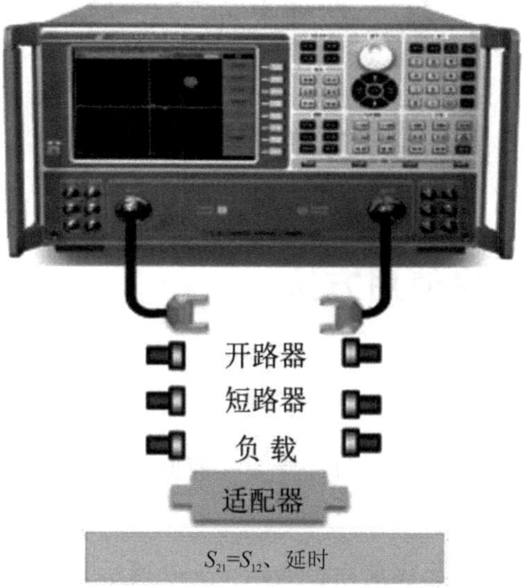

图 4－36　未知直通校准测量法

该方法适用于 2N 接收结构矢量网络分析仪，使用与 TRL 校准相同的 8 项误差模型，在实际测量时需要求解 7 项误差，并要求作为未知直通的适配器是互易的（即 $S_{21}=S_{12}$）。使用精密适配器可减小校准误差，并确保测量点不丢失相位信息。矢量网络分析仪可自动测量出适配器传输延时，但是自动测量出的电延迟可能不准确。

（5）电子校准法

电子校准器件（见图 4－37）内部为通过开关切换的电子标准（见图 4－38），其简化了校准过程，因此减小了连接误差。电子校准的精度介于 TRL 校准法和 SOLT 之间。使用电子校准器件进行已知直通标准校准时，操作方便，但精确度相对较低；进行未知直通校准时，操作方便，且精确度很高；进行零直通校准（适用于插入式测量）时，操作稍复杂，但精确度最高。

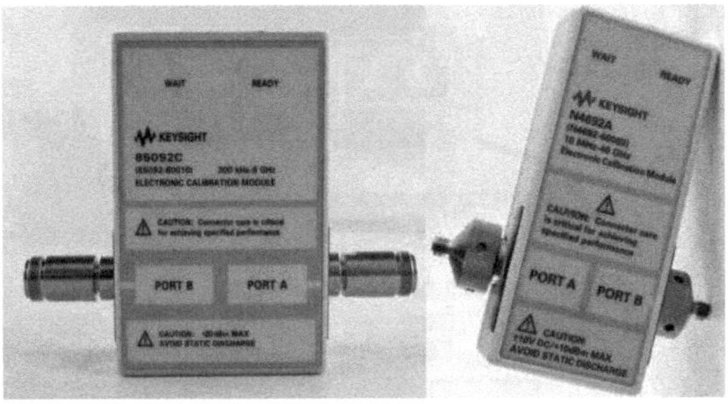

图 4-37　电子校准器件

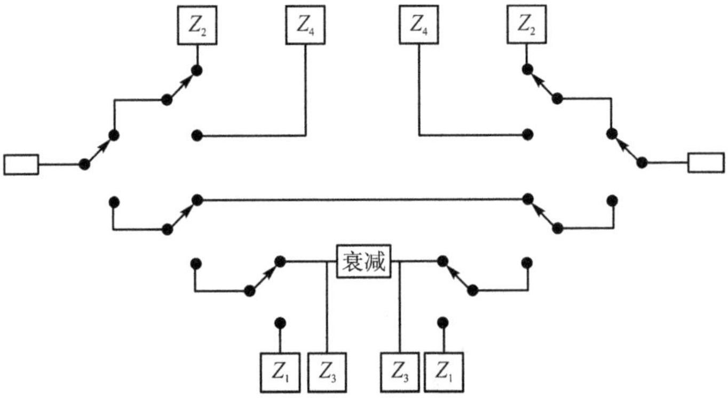

图 4-38　内部切换开关

4.4　矢量网络分析仪使用方法

4.4.1　操作面板

以思仪 3674 系列矢量网络分析仪为例介绍其前面板和后面板[4]。

1. 前面板

思仪 3674 系列矢量网络分析仪前面板如图 4-39 所示。图 4-40 所示为调节键区，包括调节旋钮和导航键：调节旋钮可以调节当前激活输入框中的设置值；导航键可以向左、右、上、下不同方向切换菜单选项。特别地，【▼】和【▲】键还可以更改数值以及选择下拉列表中的项目。

图 4-41 所示为设置键区，包括菜单键、软键盘键、Windows 键、系统键、本地键、复位键：菜单键用于控制软件侧按键的显示和隐藏；软键盘键用于调出 Windows 系统自带软键盘；Windows 键用于调出 Windows“开始”菜单；系统键用于打开系统主菜单，辅助菜单栏显示一级菜单，选项包括配置、录制/运行、扩频、Windows 任务栏、复位、定义用户复位状态、语言；本地键用于切换到宏模式或打开宏菜单；若用户已保存复位状态且勾选了“使能用户复位状态”，则复位键用于将仪器恢复到用户所保存的状态，否则恢复到系统默认复位状态。

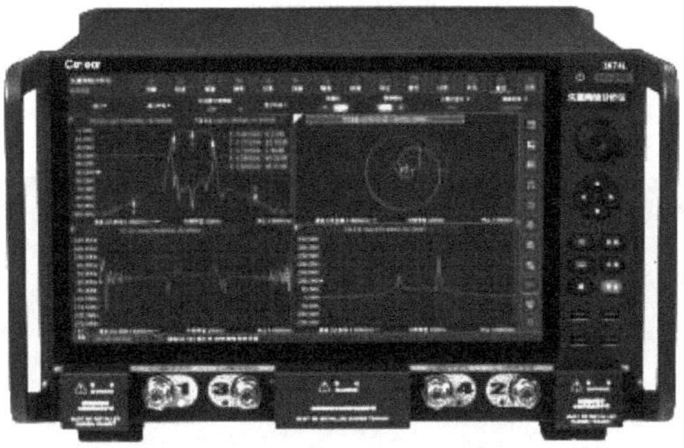

图 4-39　前面板

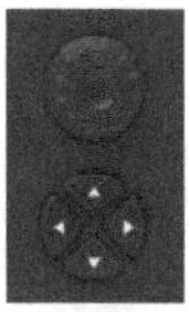

图 4-40　调节键区

前面板上有 4 个 USB 接口，如图 4-42 所示，可以用来连接键盘、鼠标或其他 USB 设备。

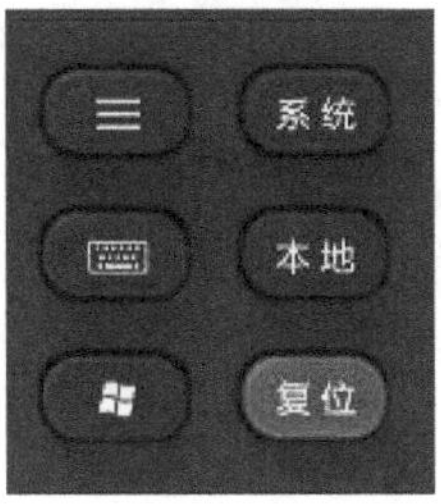

图 4-41　设置键区

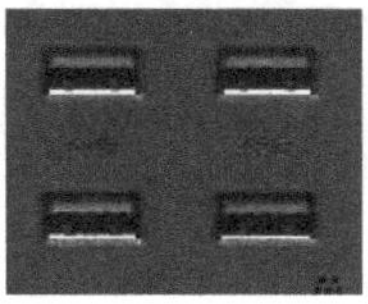

图 4-42　USB 接口

图 4-43 所示为电源键和指示灯：电源键用来开启仪器或使仪器进入或退出待机状态；指示灯用来指示仪器状态，开机时指示灯呈白色，待机时指示灯呈橘黄色。关闭或待机状态下按下电源键，仪器自动运行操作系统并加载应用测量程序。开机状态下按下电源键时，仪器将自动退出应用程序并进入待机状态。此电源键仅是一个开启、待机状态切换开关，不与外部电源相连，因此不具备切断仪器与外部电源连接的功能。可通过后面板的电源开关断开仪器的外部供电，移去电源线可完全切断仪器与外部供电电源的连接。

图 4-44 所示为测试端口，测试端口可以实现射频源和接收机模式的相互切换，从而支持在两个方向上进行被测件测量。端口旁的橘黄色指示灯亮起时表明端口处于射频源模式。

图 4-43　电源键和指示灯

图 4-44　测试端口

图 4-45 所示为显示屏，区域说明如图 4-46 所示。菜单栏包含测量、轨迹、通道、频率、功率、扫描、触发、校准、标记、格式、比例、平均、显示、分析 14 个子菜单，在各子菜单中可分别进行数值设置、开关切换等操作。在对话框中可进行不同操作以实现不同功能。通过系统按钮可以弹出系统菜单进行系统设置，支持文件操作、宏、用户配置等功能。快捷工具栏用于执行快捷操作，如复位、文件保存、回调等。通过轨迹标题栏可实现将当前轨迹设置为激活轨迹，在轨迹标题栏上单击鼠标右键显示右键菜单修改当前激活轨迹的标题、比例、测量等。利用菜

单搜索可实现通过关键词直接跳转到对应菜单。此外,显示屏上还可调出右键菜单,通过在窗口区域单击鼠标右键实现,其中包括窗口右键菜单、坐标右键菜单等,可进行窗口打开/关闭、颜色设置和显示比例等操作。

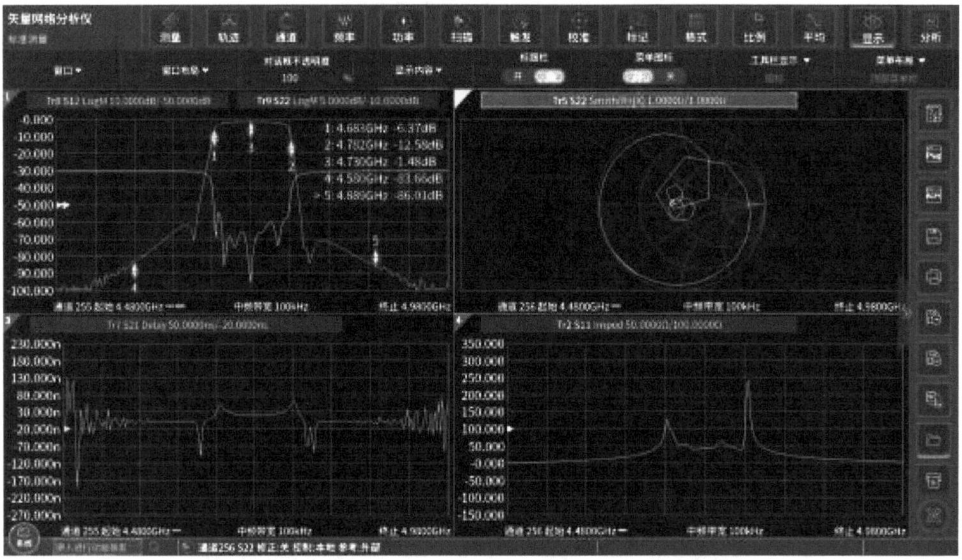

图 4-45　显示屏

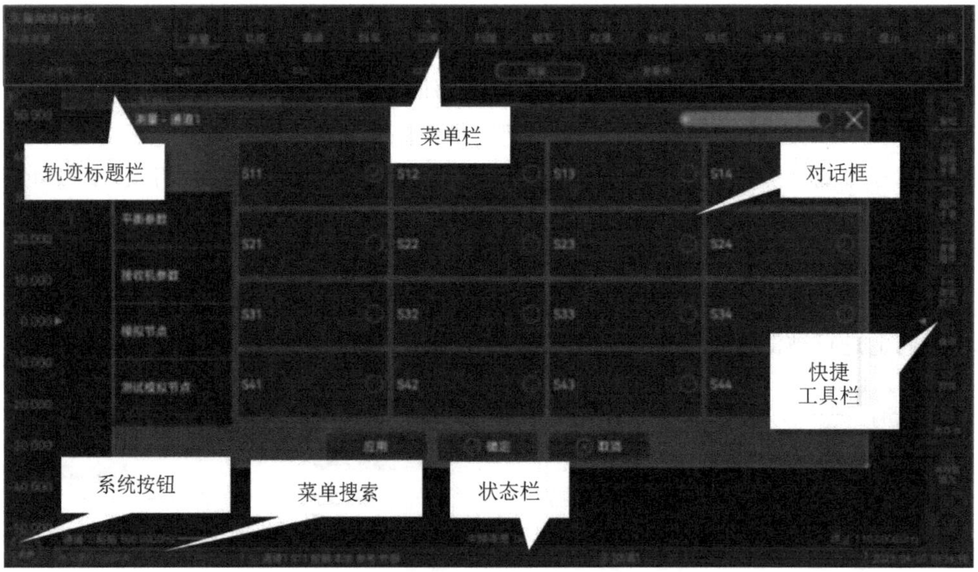

图 4-46　显示屏区域说明

2. 后面板

思仪 3674 系列矢量网络分析仪后面板如图 4-47 所示。后面板包含各种接口和测试连接端口,具体样式和名称如图 4-48～图 4-61 所示。

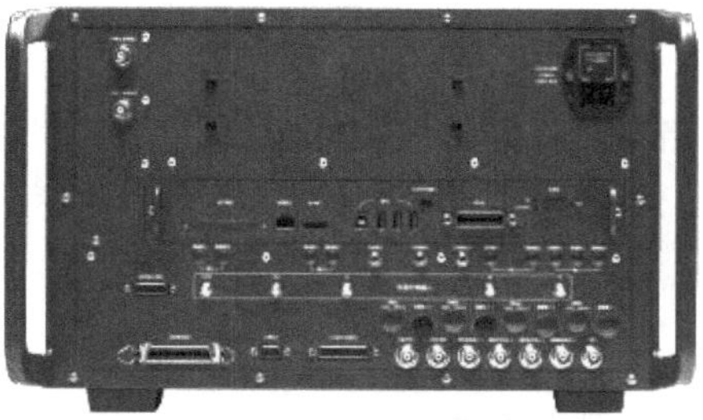

图 4-47　后面板

图 4-48　10 MHz 参考连接器

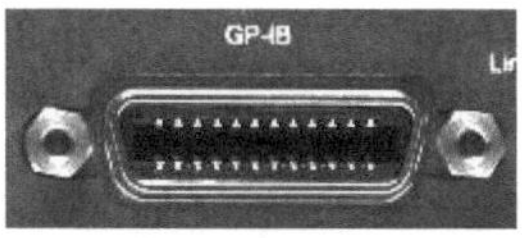

图 4-49　通用接口总线接口

图 4-50　网络接口

图 4-51　USB 接口（左一为 B 型配置；右侧 3 个为 A 型配置）

图 4-52　显示接口(DP)

图 4-53　本振和射频输出连接器

图 4-54　互调开关输入/输出连接器

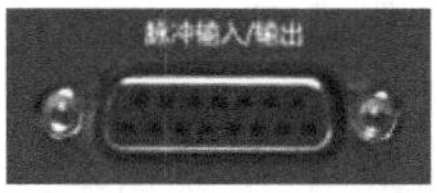

图 4-55　脉冲输入/输出接口

图 4-56　外部中频输入连接器

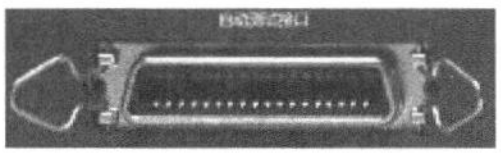

图 4-57　自动测试接口

图 4-58　扩展接口

图 4-59　外部测试装置接口

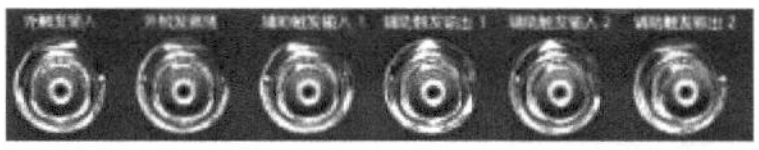

图 4-60　触发输入/输出连接器

图 4-61　28 V(BNC)连接器

4.4.2 操作步骤

本小节简单介绍矢量网络分析仪的一些操作步骤。

1. 校 准

校准的操作步骤如下：

① 按复位键使仪器复位。

② 设置需要测试的频段，设置宏观参数：

- 设置起始频率，如 100 MHz；
- 设置终止频率；
- 设置扫描点数；
- 设置中频带宽；
- 设置功率。

③ 按测量要求连接仪器。

④ 设置优化测量。

⑤ 移走被测件，选择校准类型和校准件。

⑥ 根据已选校准类型连接对应的校准件进行测量，矢量网络分析仪计算出误差项并存储在存储器里。

⑦ 重新连接被测件进行测量，当在器件测量中使用误差修正时，误差项的影响将被消除。

2. 参数测量

① 规范连接被测件；

② 选择测量参数；

③ 设置频率范围、信号功率电平、扫描相关参数；

④ 触发设置；

⑤ 设置数据格式和比例；

⑥ 进行测量，显示结果；

⑦ 数据处理。

4.4.3 提高测试精度

为了提高矢量网络分析仪的测试精度，常采取的方法如下：

① 重新设置更合适的参数；

② 选用高指标的稳幅稳相电缆，避免使用已损坏的电缆；

③ 使用性能强、精度高的校准件，并且对校准件进行定期计量；

④ 连接测试电缆时要确保牢固，尤其避免电缆在矢量网络分析仪端口根部松动；

⑤ 测试用稳幅稳相电缆要尽量与校准用电缆保持一致；

⑥ 进行温度控制，校准和测试环境尽量保证恒温；

⑦ 仪器精度、校准件精度以及测试电缆精度和连接质量须确保满足测量要求。

4.4.4 使用注意事项

1. 电源网络和接地

电源网络的选择:选择符合矢量网络分析仪工作条件的电源网络,电源接口和开关示例如图 4－62 所示,参数如表 4－2 所列。

安全接地:开机之前,必须确认矢量网络分析仪保护地线已可靠接地。

系统共地:搭建测试系统时,必须使系统中各测试仪器共地。

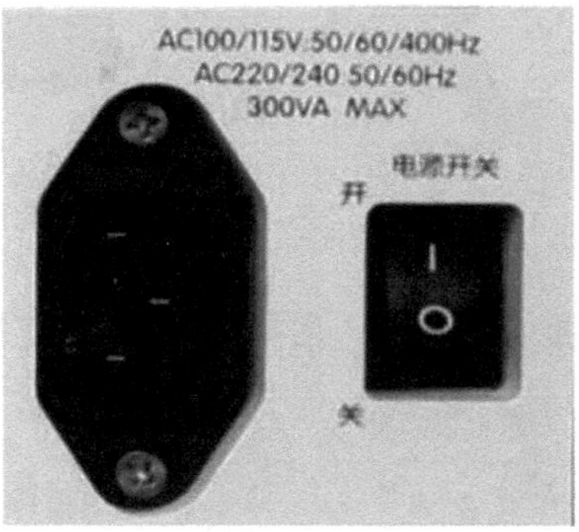

图 4－62　电源接口和开关示例

表 4－2　适用电源网络参数

参　数	适应范围
额定电压,频率	110～115 V,50/60/400 Hz; 220～240 V,50/60 Hz
功耗(开机)	<300 W
功耗(待机)	<20 W

2. 静电防护

(1) 静电危害

静电是电子测量仪器及其关联系统安全工作的最大隐患,原因是静电的电压很高,可能会击穿电子器件造成仪器损坏。图 4－63 为防静电标识,大部分器件出厂时会在外壳标明。

(2) 静防护电措施

① 通过放电栓或触摸金属释放人体累积的静电;

② 使仪器机箱安全可靠地接地,以防静电累积;

③ 在防静电区域的防静电工作台上操作仪器;

④ 穿戴防静电工作服(帽子、衣服、手套等);

⑤ 使用防静电桌垫及手腕腕带组合,如图 4－64 所示;

⑥ 使用防静电地垫及脚腕腕带组合。

图 4-63　防静电标识

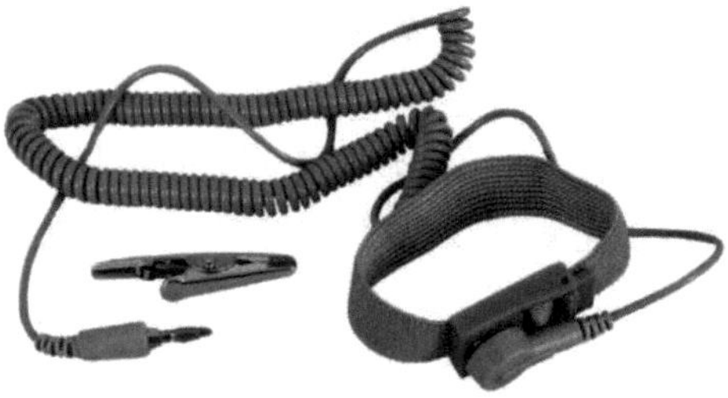

图 4-64　防静电腕带

(3) 静电防护关键要素

静电防护的关键在于避免接触仪器输入内导体；在电缆连接前，须将其内外导体分别短暂接地，实现静电泄放。

3. 输入信号相关要求

矢量网络分析仪对输入信号有相应要求，示例如图 4-65 所示，参数如表 4-3 所列。测量时须按照要求连接合适的输入信号，防止输入信号过载。

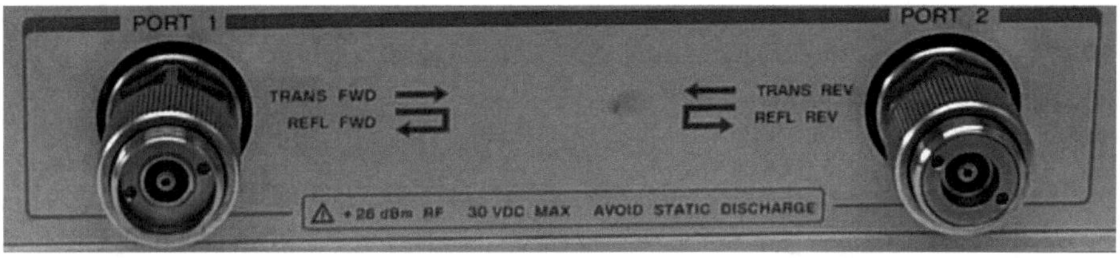

图 4-65　输入信号要求示例

表 4-3　输入信号参数要求

参　数	数　值
功率电平(最大输入信号电平)/dBm	+26
直流电压(最大直流输入)/V(DC)	30

4. 规范的连接方式

正确连接仪器是指选择合适的电缆或连接器并规范连接。被测连接器接入面板连接器时，应保持连接器沿轴线方向对正平移，严禁相对旋转。连接时应通过旋转连接器上的螺套来实现锁紧以防损伤连接器。分离时则反向旋转螺套。图 4-66 为规范连接示意图。

5. 系统平台要求

对于 Windows 系统平台，针对病毒、可靠性、效能问题有如下要求。

(1) 病毒问题

病毒可能源于插入未检查是否存在病毒的移动介质、复制了已感染病毒的文件、网络共享

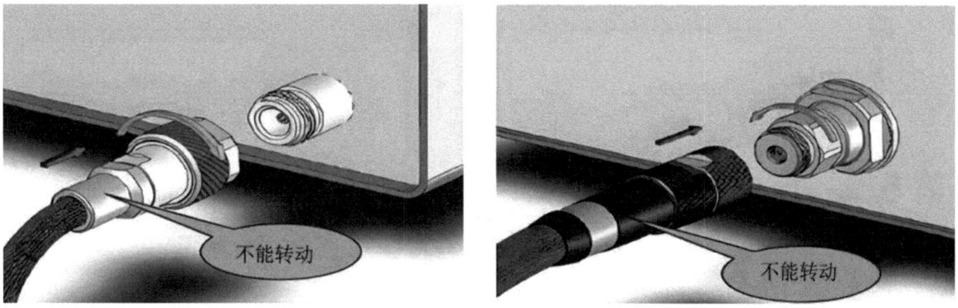

图 4-66　规范连接示意图

等，因此需要注意事先查杀病毒以及尽量不开放网络共享。

(2) 可靠性问题

仪器可能会出现异常、崩溃等情况，原因可能是文件损毁导致系统崩溃、修改配置导致系统异常、安装了未验证的软件等。因此，须注意尽量避免强制性关机，尽量不改变系统配置，必要时合理使用系统恢复。

(3) 效能问题

仪器效能不理想，可能是由于加载项过多，访问互联网产生大量缓存，安装了防护性质软件等。因此，须注意管控软件安装，定期清理缓存，减少互联网访问。

参考文献

[1] JOEL P. DUNSMORE. 微波器件测量手册：矢量网络分析仪高级测量技术指南[M]. 陈新，程宁，胡雨辰，等译. 北京：电子工业出版社，2014.

[2] 方一鸣. 便携式矢量网络分析仪硬件设计与开发[D]. 杭州：杭州电子科技大学，2023.

[3] 林升，彭浩，赵英伟，等. 矢量网络分析仪的原理及常见故障维修[J]. 电子工业专用设备，2023，52(2)：31-34.

[4] 中电科思仪科技股份有限公司. 3674 系列矢量网络分析仪用户手册[EB/OL]. (2024-05-28)[2025-01-03]. https://ceyear.com/network_analyzer-185? type=file&act=95.

[5] 秦红波. 矢量网络分析仪校准技术研究[D]. 西安：西安电子科技大学，2014.

[6] 杜玮. 矢量网络分析仪阻抗特性误差分析[D]. 太原：中北大学，2019.

[7] 吴鑫. 便携式矢量网络分析仪设计与实现[D]. 成都：电子科技大学，2020.

第5章

微波放大器实验

5.1 实验目的与预习要求

1. 实验目的

(1) 了解微波放大器的工作原理及主要性能指标的概念;

(2) 熟悉频谱分析仪和信号源的操作方法;

(3) 掌握微波放大器性能指标的测试方法。

2. 预习要求

(1) 认真阅读微波放大器的相关理论知识;

(2) 掌握线损的理论知识和测试方法;

(3) 掌握微波放大器增益、带宽和增益稳定度的理论知识和测试方法。

5.2 实验原理

微波放大器是许多通信系统、雷达和卫星转发器系统的重要组成部分,也在几乎所有的射频与微波系统中有所应用。微波放大器一般用晶体管作为有源器件对微波信号进行放大,这种微波放大器也称为微波晶体管放大器,其一般可以分为微波功率放大器和微波低噪声放大器两类。微波晶体管放大器发展很快,且其得益于微波金属半导体场效应管(MESFET)的出现,工作频段可以由 1 GHz 延伸至 30 GHz,线性输出功率可达几十瓦甚至更高,三阶交调系数优于−40 dBc,这大幅提高了微波通信设备的性能[1]。

5.2.1 微波放大器主要性能指标

微波放大器的设计目标主要是在一定的频带范围内选定适当的直流偏置,并设计输入、输出匹配网络,以满足一定的增益、噪声系数、输出功率及驻波比等性能指标要求。由于本实验主要是测量已设计好的微波放大器的频率响应曲线,因此本小节将针对微波放大器的增益进行详细介绍,而对其他性能指标进行简单介绍。

1. 增益

(1) 转换功率增益

转换功率增益 G_T 的物理意义：插入微波放大器后负载实际吸收的功率与没有微波放大器时其可能得到的最大功率（信号源资用功率）的比值。因此，有如下公式：

$$G_T = \frac{负载吸收的功率}{信号源资用功率} = \frac{P_L}{P_A} \tag{5-1}$$

转换功率增益 G_T 与晶体管的 S 参数和负载阻抗、信号源阻抗都有关系，即 G_T 的大小与输入和输出端口的匹配程度都有关。

(2) 资用功率增益

资用功率增益 G_a 的物理意义：插入微波放大器后负载可能得到的最大功率（放大器资用功率）与没有微波放大器时其可能得到的最大功率（信号源资用功率）的比值。而实际上微波放大器在其输入、输出端都不一定是共轭匹配的，因此资用功率增益为理想增益，有如下公式。

$$G_a = \frac{放大器资用功率}{信号源资用功率} = \frac{P_L}{P_A} \tag{5-2}$$

资用功率增益 G_a 只与晶体管的 S 参数和信号源阻抗有关，与输出端口的匹配程度无关。

(3) 工作功率增益

工作功率增益的定义是负载实际吸收的功率和微波放大器输入功率的比值，即实际功率增益。

$$G = \frac{负载吸收的功率}{微波放大器输入功率} = \frac{P_L}{P_{in}} \tag{5-3}$$

实际功率增益 G 只与晶体管的 S 参数和负载阻抗有关，与输出端口的匹配程度无关。

2. 1 dB 压缩点

1 dB 压缩点是微波放大器的一个重要指标。微波放大器增益有一个线性动态范围，在这个范围内，微波放大器的输出功率随输入功率线性增加。随着输入功率的继续增加，微波放大器进入非线性动态范围，在此范围内其输出功率不再随输入功率的增加而线性增加，即输出功率低于理想的线性值。通常把微波放大器增益下降到比线性增益低 1 dB 时对应的输出功率值定义为输出功率的 1 dB 压缩点。典型情况下，当输入功率超过 1 dB 压缩点对应的输入功率时，增益将迅速下降并出现一个最大的或完全饱和的输出功率，其值比 1 dB 压缩点对应的输出功率大 3～4 dB。1 dB 压缩点对应的输入输出功率关系如图 5-1 所示。

3. 其他性能指标

除了增益和 1 dB 压缩点以外，还有其他一些指标在实验中没有涉及，但也和微波放大器性能息息相关，包括和增益相关的输入/输出匹配和直流功率。以下对二者进行简要介绍，供读者做简单了解。

输入/输出匹配：微波频段的信号在传输过程中可能出现反射，反射严重意味着阻抗失配。匹配测量一般需要用到矢量网络分析仪。

直流功率：微波放大器一般由外接直流电源提供能量，当微波放大器工作在线性放大区时，一般满足小信号条件，此时直流电压和电流都是保持稳定的。对于微波功率放大器，直流功率可以用来衡量其效率[2-3]。

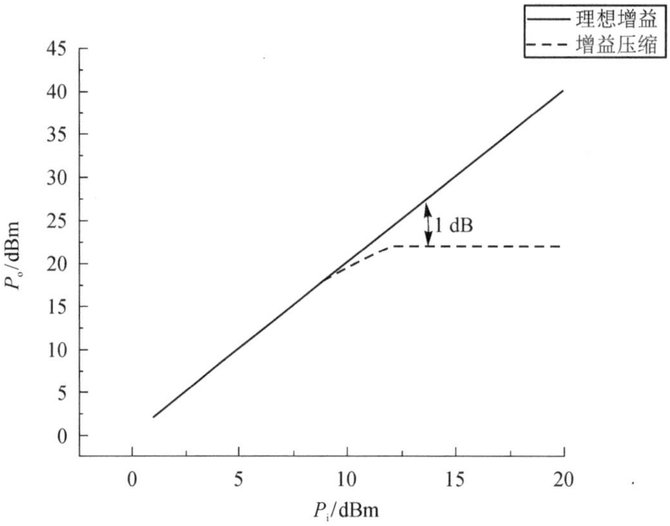

图 5-1　1 dB 压缩点对应的输入输出功率关系

5.2.2　微波放大器相关测量

微波放大器功率增益单位通常为 dB,功率单位通常为 dBmW(分贝毫瓦,常用 dBm)和 dBW(分贝瓦),两者之间的换算关系为

$$P(\text{dB}) = P(\text{dBm}) + 30 \tag{5-4}$$

分贝是功率比的对数单位,如果输入功率是 P_i,输出功率是 P_o,且二者单位相同,那么功率增益为

$$G = 10\lg\frac{P_o}{P_i}(\text{dB}) \tag{5-5}$$

例如,如果 P_o 为 4 W,P_i 为 2 W,则 G 为 3 dB;如果 P_o 为 1 W,P_i 为 2 W,则 G 为 -3 dB,一般称其为功率损耗 3 dB。

微波放大器的输入、输出功率单位通常为 dBm,其定义为

$$P(\text{dBm}) = 10\lg^{\frac{P(\text{mW})}{1\text{mW}}} \tag{5-6}$$

因此,可以得到

$$G(\text{dB}) = P_o(\text{dBm}) - P_i(\text{dBm}) \tag{5-7}$$

1. 连接线实际损耗测量

测量时,信号源通过连接线将信号输入微波放大器。微波放大器由外接直流电源提供能量起到放大信号的作用,输出信号通过连接线输入频谱分析仪进行测量,可得到其频率和功率。微波放大器的工作功率增益并不像理论那样理想,实际值总是比理论值小,这是因为在测量微波放大器功率增益时,连接微波放大器和信号源/频谱分析仪的线在传输中存在损耗。因此,在使用信号源和频谱分析仪测量微波放大器的频率响应前,应该先测量连接线的损耗,即线损。

为了简化实验,应尽量选取两根相同的连接线分别连接微波放大器的输出端和输入端。这样,在测量线损时只需要对一根连接线进行测量。用这根连接线将信号源和频谱分析仪直

接连接起来进行线损测量，系统框图如图 5－2 所示。

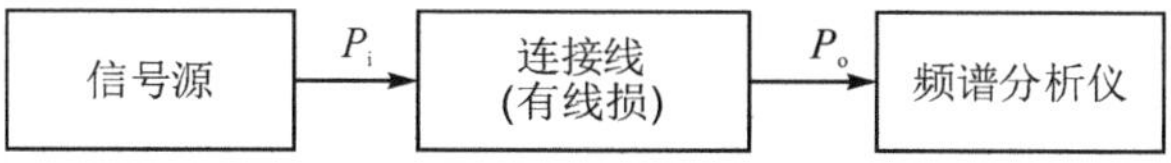

图 5－2　线损测量系统框图

信号通过连接线直接输入频谱分析仪进行观察，同时定义线损：

$$L = P_i - P_o(\text{dB}) \tag{5-8}$$

线损的单位是 dB，输入功率和输出功率的单位都是 dBm。对于连接线，一般有 $L>0$。由于线损与信号频率关系较密切，因此应当分别测量不同频率下的线损，并得到线损-频率表，便于后面处理数据时对微波放大器功率增益进行校正。

2. 微波放大器功率增益测量

完成线损测量后，就可以进行微波放大器功率增益测量。测量根据如图 5－3 所示的系统框图进行，可以得到微波放大器功率增益和 1 dB 压缩点。

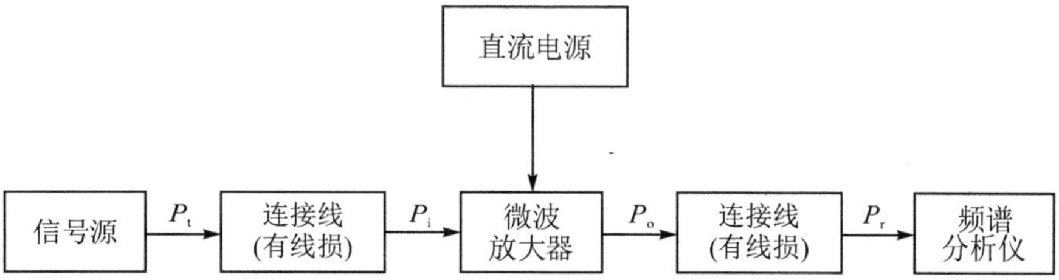

图 5－3　微波放大器测量系统框图

从图 5－3 中可以看出，能够直接确定的物理量只有发射功率 P_t 和接收功率 P_r，而计算微波放大器功率增益却需要用微波放大器的输入功率 P_i 和输出功率 P_o，因此还需要单独测量线损。确定线损后，再通过发射功率 P_t 和接收功率 P_r 就能计算出放大器输入功率 P_i 和输出功率 P_o[4]。

微波放大器测量的主要内容是其频率响应，即其功率增益与频率的关系。增益是微波放大器的重要指标之一，其定义如下：

$$G = P_o - P_i(\text{dB}) \tag{5-9}$$

功率增益的单位是 dB，输入功率和输出功率的单位都是 dBm。对于实际工程中的微波放大器，其功率增益随输入信号频率变化而变化，据此绘制的增益-频率曲线称为频率响应曲线。

定义系统功率增益

$$G_s = P_r - P_t(\text{dB}) \tag{5-10}$$

输出功率和接收功率的单位都是 dBm。易得系统功率增益 G_s 与微波放大器功率增益 G 的差值为两根连接线的线损之和，即

$$G = G_s + 2L(\text{dB}) \tag{5-11}$$

3. 微波放大器其他性能指标测量

典型的微波放大器的频率响应、输入功率、输出功率曲线如图 5－4 所示。其中，横坐标表示频率(Hz)，纵坐标表示增益(dB)和功率(dBm)，输入功率和输出功率的单位均为 dBm(注

意单位换算)。根据图中曲线可以定义很多有用的微波放大器相关指标,包括频带、带宽、增益稳定度等[5]。

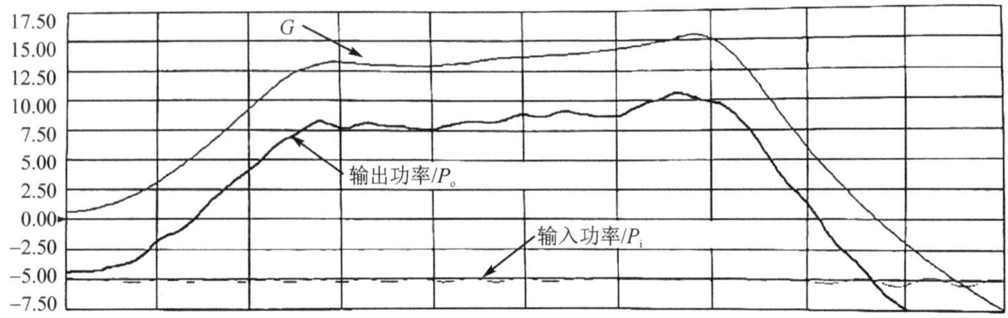

图 5-4　典型微波放大器频率响应

频带的定义为满足特定增益要求的频率范围,常用的−3 dB 频带就是满足增益大于最大增益一半时的频率范围。若微波放大器的频带为 $f_L \sim f_H$,则对应的带宽 $BW = f_H - f_L$,常用的带宽有−3 dB 带宽、增益稳定度带宽等。

在频带内,增益本身往往存在一定的波动。定义增益稳定度 delta 在频带内满足 $|G - G_0| <$ delta,其中 G_0 为中心增益,通常由人为给定。

4. 微波放大器 1 dB 压缩点测量

1 dB 压缩点的测量是针对微波放大器的输入输出功率的。实际测量中,信号源的发射功率 P_t 是系统的输入功率。信号经过连接线输入微波放大器。由于存在线损 L,输入微波放大器信号的功率才是用来计算 1 dB 压缩点对应的输入功率 P_i。因此可以得到

$$P_i = P_t - L\,(\text{dBm}) \tag{5-12}$$

频谱分析仪测量的接收功率 P_r 是系统的输出功率。微波放大器输出的信号经过连接线输入频谱分析仪,该输出信号的功率才是用来计算 1 dB 压缩点对应的输出功率 P_o,因此可以得到

$$P_o = P_r + L\,(\text{dBm}) \tag{5-13}$$

5.3　实验仪器及器件

本节以北京航空航天大学微波工程实验室现有的仪器和器件为例进行介绍,其他仪器和器件可以此为参考。微波放大器频率响应的测量主要用到了信号源、频谱分析仪、直流电源、待测的微波放大器、连接线、电源线、万用表等,具体参数介绍如下。

1. 信号源

信号源型号为 HP 83620A,如图 5-5 所示。其频率范围为 10 MHz～20 GHz,频率分辨率为 1 kHz,内部时基为 10 MHz;输出功率范围为−110～13 dBm,输出功率分辨率为 0.02 dB。

2. 频谱分析仪

频谱分析仪型号为 Keysight N9020A,如图 5-6 所示。其频率范围为 20 Hz～3.6 GHz,

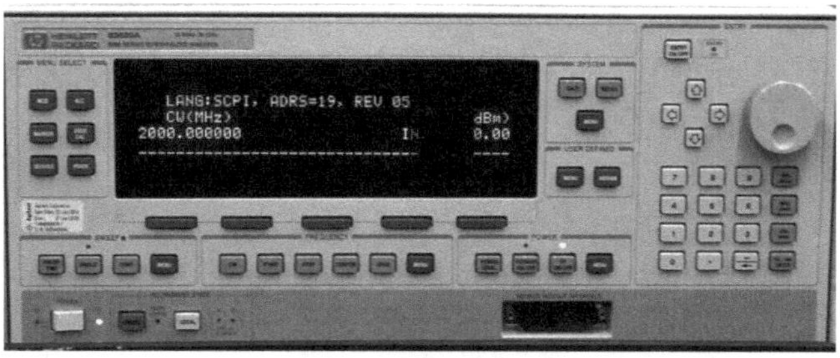

图 5-5　信号源(HP 83620A)

具有高达 26.5 GHz 的内部前置放大器选项，分析带宽为 25 MHz，幅度精度为 0.3 dB，输入功率范围为－110～30 dBm。

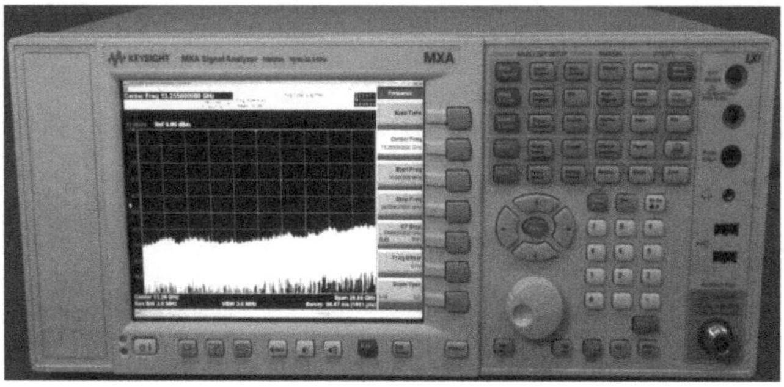

图 5-6　频谱分析仪(Keysight N9020A)

3. 直流电源和电源线

直流电源和电源线如图 5-7 所示。直流电源为自制电源，输出电压为 5 V。

4. 微波放大器

待测微波放大器如图 5-8 所示。铭牌指示其工作频率为 0.5～4 GHz，中心增益为 20 dB，最大输入功率为 10 dBm，直流电压为 5 V。

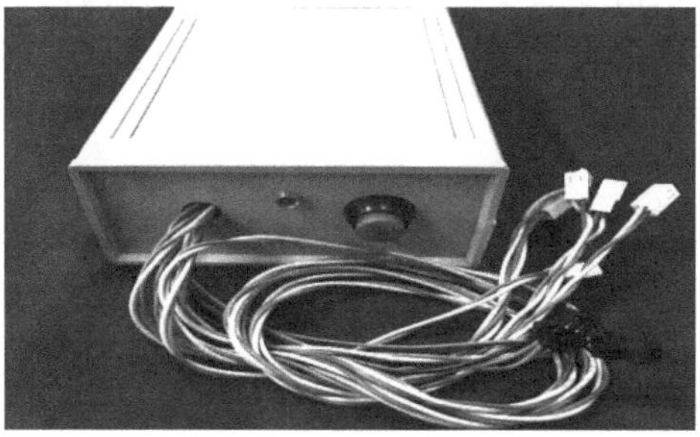

图 5-7　直流电源和电源线

图 5-8　待测微波放大器

5. 连接线

连接线采用射频同轴电缆，如图 5-9 所示。两根连接线的参数完全相同。

6. 万用表

万用表型号为 UNI－T UT61A，如图 5－10 所示。直流电压量程为 0.1 mV～1 kV。

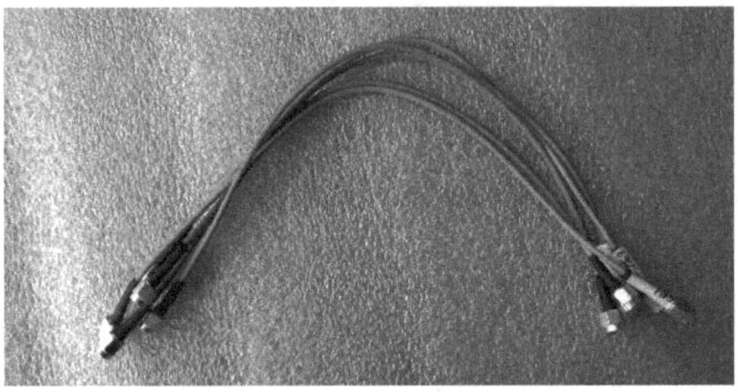

图 5－9　连接线（射频同轴电缆）

图 5－10　万用表（UNI－T UT61A）

5.4　注意事项

① 使用前确认信号源输出处于“RF OFF”状态。

② 设定信号源输出频率、信号形式；优先设置信号源的输出功率为－30 dBm，再从小到大调整。

③ 测试项目中，信号源作为发射源使用，其输出端需要接一个直流阻断器，确保被测设备的直流电流不会回流到信号源。

④ 对于信号源一类的仪器，在测试过程中不能将其输出端短路或者开路，否则输出端会因为反射而损坏。更换连接线时要关闭射频输出。

⑤ 频谱分析仪一般不接入直流电平。使用前须确认频谱分析仪可能接收到信号的强度，若接收信号的强度有可能超出频谱分析仪最大可输入信号强度，则可适当使用衰减器。

⑥ 拆卸射频电缆时要注意不能弯折过度，另外要保证电缆内芯水平进入设备接口，避免旋转造成磨损。

5.5　实验内容及步骤

5.5.1　测量线损

① 准备好频谱分析仪、信号源以及两根完全相同的待测连接线。

② 戴上防静电腕带或者触摸金属释放静电。

③ 按照图 5－11 所示的连接示意图将信号源与频谱分析仪用连接线连接起来。

④ 将仪器连接好后，打开仪器进行预热。

⑤ 操作信号源，使信号源输出频率为 100 MHz、功率为－20 dBm 的信号。

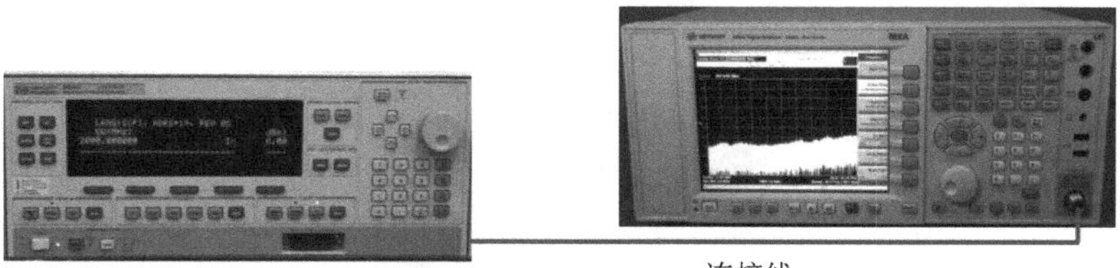

图 5-11　线损测量仪器连接示意图

⑥ 操作频谱分析仪，记录接收到信号的功率。

⑦ 改变信号源输出频率，连接线的损耗变化不明显，因此选择 100～3 000 MHz 频率范围内的 14 个频点进行功率测量，并将测量数据填入表 5-1。

⑧ 测量完成，关闭测量仪器，整理仪器和连接线。

⑨ 根据表 5-1 中记录的数据计算单根连接线的损耗并填入表 5-1。

表 5-1　线损测量数据记录表

信号源输出频率/MHz	接收功率/dBm	线损（单根）/dB	信号源输出频率/MHz	接收功率/dBm	线损（单根）/dB
100			1 200		
300			1 400		
500			1 600		
700			1 800		
800			2 000		
900			2 500		
1 000			3 000		

注：发射功率为－20 dBm。

5.5.2　测量微波放大器的频率响应曲线

① 准备好频谱分析仪、信号源、5 V 直流电源、待测微波放大器、两根完全相同的连接线（已经测量好线损）、电源线、万用表。

② 戴上防静电腕带或者触摸金属释放静电。

③ 打开直流电源输出按钮，用万用表“20 V”电压挡测量直流电源输出电压。若输出电压为 5 V，说明直流电源正常工作。测量结束后关闭直流电源。

④ 按照图 5-12 所示的连接示意图连接仪器，先用电源线将直流电源和微波放大器通过对应端口连接起来，以保证共地。

⑤ 用已知线损的连接线将微波放大器的对应端口和信号源的信号输出端接口连接起来，再将信号源的 USB 接口和计算机上的 USB 接口连接起来。

⑥ 用已知线损的连接线将微波放大器的对应端口和频谱分析仪的信号输入端接口连接

起来，再将频谱分析仪的 USB 接口和计算机上的 USB 接口连接起来。

⑦ 将仪器连接好后，打开仪器，预热 15 分钟。

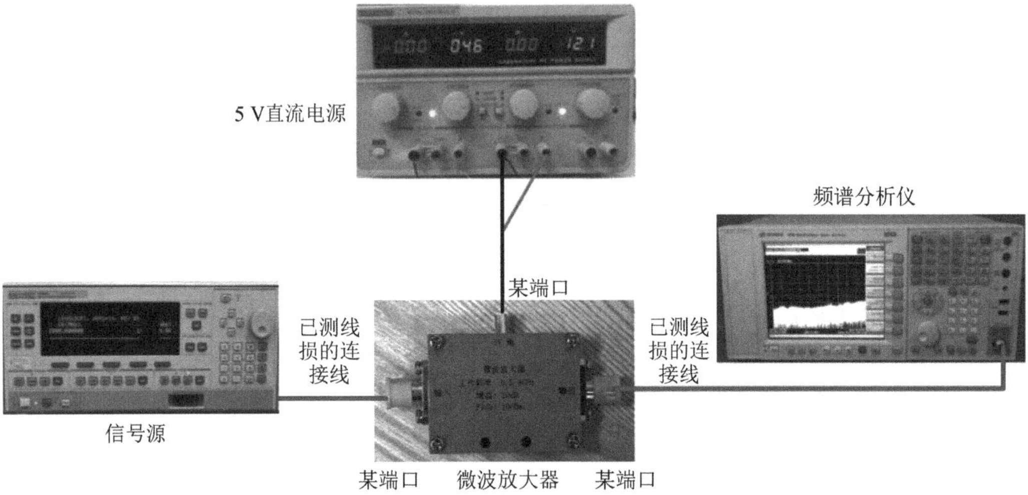

图 5－12　放大器测量线路连接示意图

⑧ 操作信号源，使信号源输出 100 MHz、功率为－20 dBm 的信号。

⑨ 操作频谱分析仪，记录接收到信号的功率。

⑩ 改变信号源输出频率，重复步骤⑧和⑨，对 100～4 500 MHz 频率范围的 10～15 个频点进行接收功率测量，通过测量数据能够得到频率响应曲线。将测量数据填入表 5－2。

⑪ 测量完成，关闭测量仪器，整理仪器和连接线。

⑫ 计算微波放大器在各个输出频率下的增益以及系统增益。

⑬ 根据表 5－2 中数据绘制出频率响应曲线，可以得到微波放大器的最大增益。

⑭ 在频率响应曲线中找到微波放大器增益降到一半时的频点，计算微波放大器的带宽。

⑮ 取微波放大器的中心增益为标定增益，根据微波放大器铭牌标识的频带，计算微波放大器的增益稳定度。

表 5－2　放大器频率响应曲线测量数据记录表

信号源输出频率/MHz	接收功率/dBm	系统功率增益/dB	微波放大器功率增益/dB

续表 5-2

信号源输出频率/MHz	接收功率/dBm	系统功率增益/dB	微波放大器功率增益/dB

注：发射功率为－20 dBm

5.5.3　测量微波放大器的 1 dB 压缩点

① 准备好频谱分析仪、信号源、5 V 直流电源、待测微波放大器，两根完全相同的连接线(已经测量好线损)、电源线、万用表。

② 戴上防静电腕带或者触摸金属释放静电。

③ 打开直流电源输出按钮，用万用表“20 V”电压挡测量直流电源输出电压。若输出电压为 5 V，说明直流电源正常工作。测量结束后关闭直流电源。

④ 按照如图 5-12 所示的连接示意图，先用电源线将直流电源和微波放大器通过对应端口连接起来，以保证共地。

⑤ 用已知线损的连接线将微波放大器的对应端口和信号源的信号输出端连接起来，再将信号源的 USB 接口和计算机上的 USB 接口连接起来。

⑥ 用已知线损的连接线缆将微波放大器的对应端口和频谱分析仪的信号输入端连接起来，再将频谱分析仪的 USB 接口和计算机上的 USB 接口连接起来。

⑦ 将仪器连接好后，打开仪器，预热 15 分钟。

⑧ 根据绘制的微波放大器的频率响应曲线可以得到线性增益的中心频率。操作信号源，使其输出频率为中心频率、功率为－20 dBm 的信号。

⑨ 操作频谱分析仪，记录接收到步骤⑧中信号的功率。

⑩ 改变信号源的输出功率(系统输入功率)，每次增大 1 dBm，重复步骤⑧和⑨直到信号源输出功率达到 0 dBm。记录频谱分析仪测量的功率(系统输出功率)，并将数据填入表 5-3。

⑪ 根据式(5-12)和式(5-13)计算得到微波放大器的输入、输出功率，并画出二者的关系曲线，即可找到 1 dB 压缩点。

表 5-3　1 dB 压缩点测量数据记录表

系统输入功率/dBm	系统输出功率/dBm	微波放大器输入功率/dBm	微波放大器输出功率/dBm
−20			
−19			
−18			
−17			
−16			
−15			
−14			
−13			
−12			
−11			
−10			
−9			
−8			
−7			
−6			
−5			
−4			
−3			
−2			
−1			
0			

【思考题】

1. 微波放大器可以分为几种？分别有什么特点？

2. 除了本次实验涉及的性能指标之外，微波放大器还有哪些性能指标？针对某一个指标，简单介绍其测量方法。

参考文献

[1] 樊景渤，崔淑芳. 微波放大器[M]. 北京：人民邮电出版社，1988.

[2] 徐军，杨宏春，洪劲松，等. 微波通信专业学位综合实验[M]. 成都：电子科技大学出版社，2014.

[3] 郑宏兴,张志伟. 电磁场与微波工程实验指导书[M]. 武汉：华中科技大学出版社，2020.
[4] 洪韬,赵京城. 微波电路与封装[M]. 北京：北京航空航天大学出版社. 2020.
[5] 董尚斌,代永红,金伟正,等. 电子线路Ⅱ[M]. 北京：清华大学出版社. 2008.
[6] 郭辉萍,曹洪龙,刘学观. 微波技术与天线:学习指导与实验教程[M]. 5 版. 西安：西安电子科技大学出版社，2022.

第6章

混频器实验

6.1 实验目的与预习要求

1. 实验目的

(1) 了解混频器的工作原理及主要特性;

(2) 学习使用频谱分析仪进行混频器测试;

(3) 测量混频器的变频损耗;

(4) 测量混频器的频率响应特性。

2. 预习要求

(1) 了解中频系数的噪声衰减法;

(2)了解微波混频器的噪声系数与本振功率的关系。

6.2 实验原理

混频器是雷达、无线及卫星通信系统中的关键器件。最简单的混频器是三端口器件,包括射频(RF)、中频(IF)和本振(LO)端口。理想的混频器具有互易性,可以分别进行上变频和下变频。若以 RF 为输入、IF 为输出,则输出频率 $f_{IF}=f_{RF}-f_{LO}$,这种情况称为下变频,常用于超外差接收机;若以 IF 为输入、RF 为输出,则输出频率 $f_{RF}=f_{LO}+f_{IF}$,这种情况称为上变频,常用于超外差发射机。本实验主要测试下变频时的技术指标。

6.2.1 混频器主要性能指标

图 6-1 所示为实验中测量混频器的系统框图。

信号源将 RF 信号通过连接线输入混频器,微波频率源通过直流电源供电,将固定频率的 LO 信号通过连接线输入混频器,混频器通过连接线将 IF 信号输入频谱分析仪进行测量。

从图 6-1 中可以看出,能够直接确定的物理量只有发射功率 P_t 和接收功率 P_r,而计算混频器的变频损耗却需要用混频器的输入功率 P_i 和输出功率 P_o,因此还需要单独测量线损。

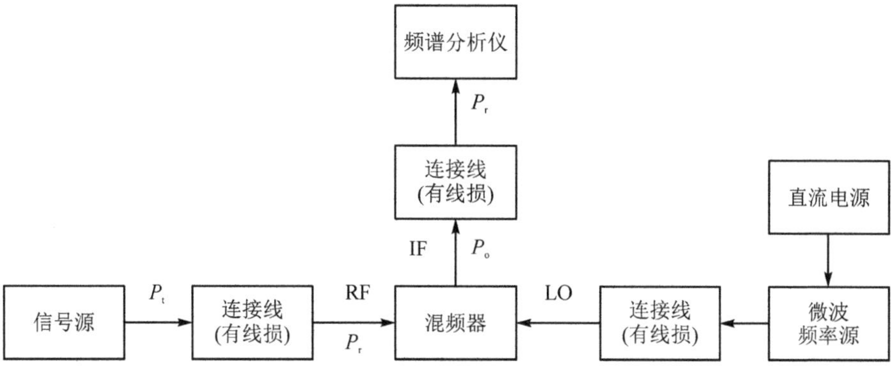

图 6-1　混频器测量系统框图

确定线损后，再通过发射功率 P_t 和接收功率 P_r 就能计算出混频器输入功率 P_i 和输出功率 P_o。

图 6-2 为实验中测量线损的系统框图，为了简化实验，使用的连接线应当完全相同，这样就只需测量一根连接线的线损。

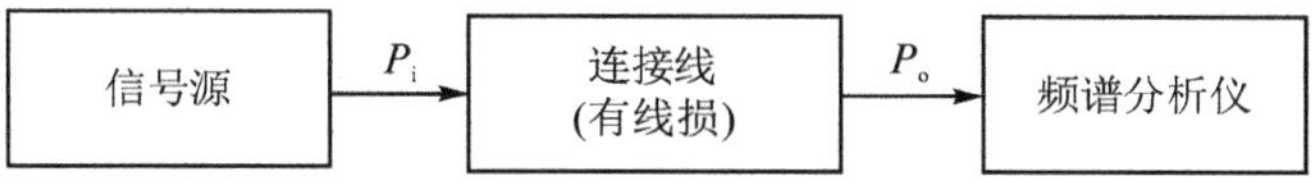

图 6-2　线损测量系统框图

信号通过连接线直接由频谱分析仪进行观察，同时定义线损

$$L_l = P_i - P_o (\text{dB}) \tag{6-1}$$

线损的单位是 dB，输入功率和输出功率的单位都是 dBm。对于连接线，一般有 $L_l > 0$。由于线损与信号频率关系较密切，因此应当分别测量不同频率下的线损，并得到线损-频率表，便于后面处理数据时对混频器变频损耗进行校正。

完成线损测量后，就可以进行混频器的测量。混频器的核心测量内容是频率响应，即其变频损耗与频率的关系。频率响应包括 RF 频率响应、LO 频率响应和 IF 频率响应，本实验中需要测量的是 RF 频率响应。

变频损耗是混频器的重要指标之一，定义变频损耗

$$L = P_i - P_o (\text{dB}) \tag{6-2}$$

变频损耗的单位是 dB，输入功率和输出功率的单位都是 dBm。对于实际工程中的混频器，其变频损耗随输入信号频率(RF 频率)变化而变化，据此绘制的变频损耗- RF 频率曲线称为频率响应曲线。

定义系统功率增益：

$$G_s = P_r - P_t (\text{dB}) \tag{6-3}$$

输出功率和接收功率的单位都是 dBm。易得系统增益 G_s 与变频损耗 L 的关系为

$$L = -G_s - 2L_l (\text{dB}) \tag{6-4}$$

式中：L_l 为单根连接线损耗。

图 6-3 所示为典型的混频器 RF 频率响应曲线。

混频器的另外一个重要测量内容是 1 dB 压缩点。混频器的变频损耗除了与 RF 频率有

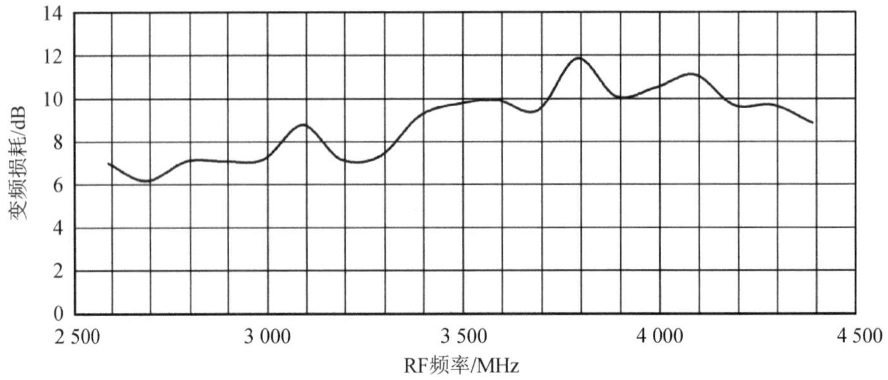

图 6-3　典型混频器 RF 频率响应曲线

关以外，还会随 RF 输入功率变化而变化，据此绘制混频器的变频损耗-RF 输入功率曲线称为 RF 驱动响应曲线。当 RF 输入功率逐渐增大时，混频器可能进入饱和状态，变频损耗也逐渐增大，这种现象称为增益压缩。定义 1 dB 压缩点为变频损耗比原来增大 1 dB 时对应的 RF 输入功率，因此 1 dB 压缩点可用来描述增益压缩的程度。

图 6-4 所示为典型的混频器 RF 驱动响应曲线。

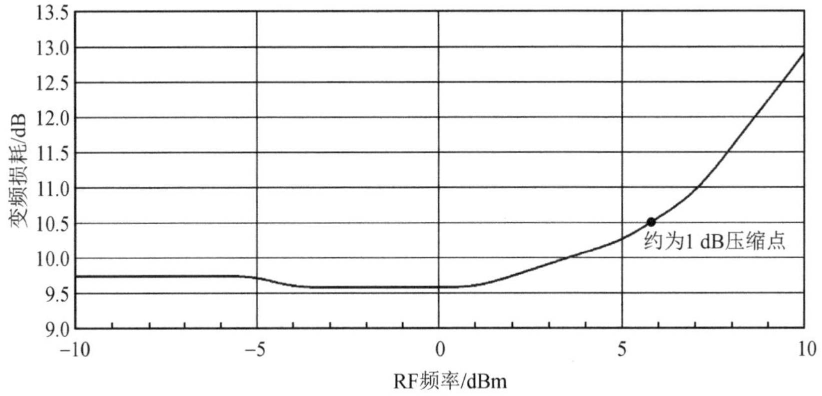

图 6-4　典型混频器 RF 驱动响应曲线

在具体测量 1 dB 压缩点时，由于本实验采用信号源的最大输出功率为0 dBm，而混频器的 1 dB 压缩点对应的 RF 输入功率大约在 7 dBm，因此需要在信号源和混频器之间接入前置放大器，同时需要测量前置放大器的驱动响应，便于对混频器输入功率 P_i 进行校正。

图 6-5 所示为实验中测量混频器 1 dB 压缩点的系统框图。

前置放大器将较低的 RF 输入功率放大，使得等效输入功率 P'_t足以达到 1 dB 压缩点对应的 RF 输入功率，而通过接收功率 P_r 和线损 L_1 可以计算出输出功率 P_o，因此确定变频损耗 L 与等效输入功率 P'_t之间的关系就能找出 1 dB 压缩点。

图 6-6 所示为实验中测量前置放大器增益的系统框图。

在完成前置放大器增益的测量后，就可以进行混频器 1 dB 压缩点的测量。

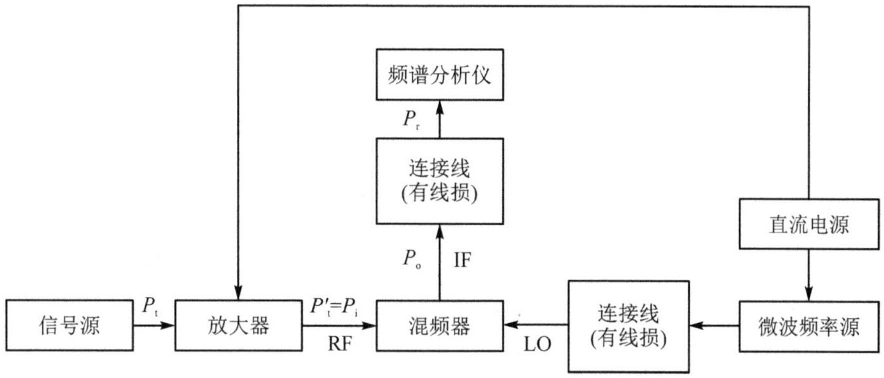

图 6-5　混频器 1 dB 压缩点测量系统框图

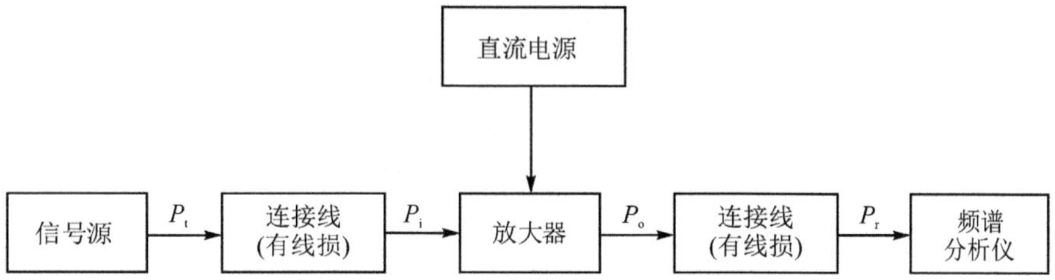

图 6-6　前置放大器增益测量系统框图

6.2.2　混频器其他性能指标

除了以上性能指标外，还有如下一些指标在实验中没有涉及，但也应当有所了解。

1. 输入/输出匹配

微波频段的信号在传输过程中可能出现反射，反射程度通常用端口的电压驻波比来衡量，反射严重意味着阻抗失配。匹配测量一般需要用到矢量网络分析仪。

2. 三阶交调截止点 IP3

工程上应用的混频器都是非理想的，下变频时输出信号频率中除了包括中频 IF 外，还包括射频 RF 和本振 LO 的各级组合频率，其中最主要的是三阶交调频率 $2f_{RF}-f_{LO}$ 和 $2f_{LO}-f_{RF}$。定义其中一个三阶交调频率为三阶交调输出功率 $P_{2f_{RF}-f_{LO}}$，可以证明三阶交调输出功率与 RF 输入功率的三次方成正比。而不出现增益压缩时，IF 输出功率与 RF 输入功率成正比，因此总能找到一个输入功率值，其对应的点称为三阶交调截止点 IP3。在这一点上，假设不出现增益压缩，则 IF 输出功率与三阶交调输出功率相等。三阶交调截止点 IP3 可用来描述混频器的非线性失真度。

3. 隔离度

实际应用时，混频器的各端口之间往往会发生串扰。例如，当中频端口阻抗匹配、射频端口输入信号时，本振端口将会有输出，此时定义射频-本振端口隔离度 $I_{LO-RF}=P_{LO}-P_{RF}$，本振功率 P_{LO} 和射频功率 P_{RF} 的单位都是 dBm，隔离度的单位是 dB。隔离度包括射频-本振隔离，射频-中频隔离和中频-本振隔离。

6.3 实验仪器及器件

本节以北京航空航天大学微波工程实验室现有的仪器和器件为例进行介绍，其他仪器和器件可以此为参考。

1. 信号源

信号源型号为 HP 83620A，如图 6-7 所示。其频率范围为 10 MHz～20 GHz，频率分辨率为 1 kHz，内部时基为 10 MHz；输出功率范围为－110～13 dBm，输出功率分辨率为 0.02 dB。

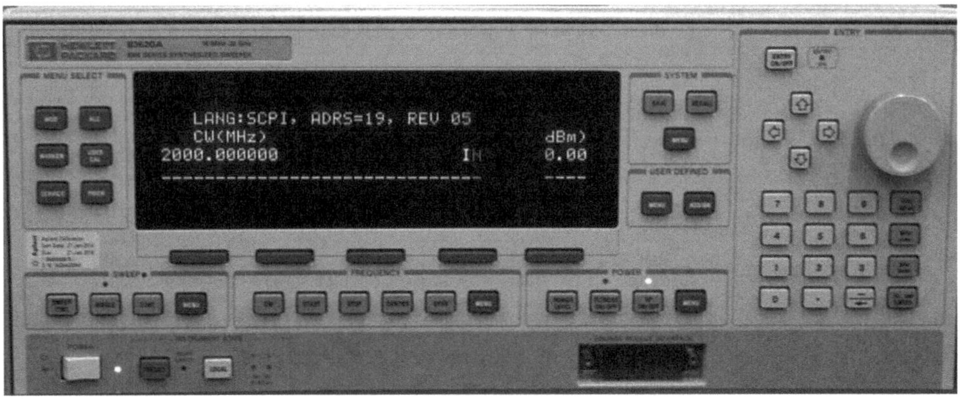

图 6-7　信号源(HP 83620A)

2. 频谱分析仪

频谱分析仪型号为 Keysight N9020A，如图 6-8 所示。其频率范围为 20 Hz～3.6 GHz，具有高达 26.5 GHz 的内部前置放大器选项，分析带宽为 25 MHz，幅度精度为 0.3 dB，输入功率范围为－110～30 dBm。

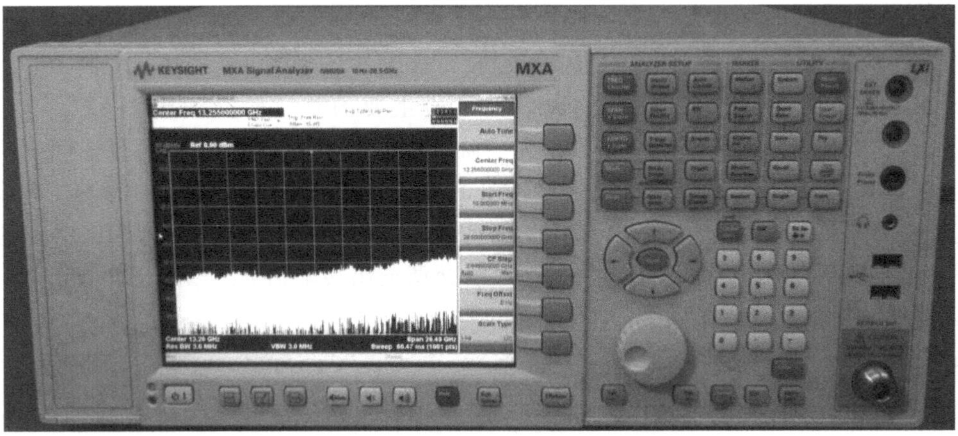

图 6-8　频谱分析仪(Keysight N9020A)

3. 直流电源和电源线

直流电源和电源线如图 6－9 所示。电源型号为 Matrix MPS－3003L－3，输出为 5 V。

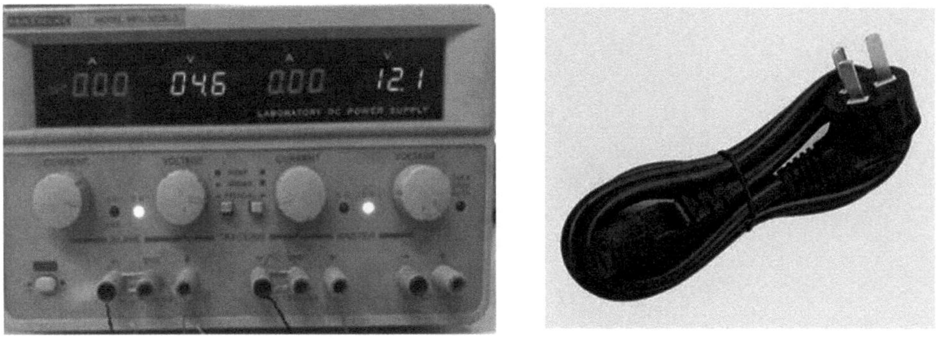

图 6－9　直流电源和电源线

4. 混频器

待测混频器如图 6－10 所示。铭牌指示其本振频率范围为 0.3～4.3 GHz，射频频率范围为 0.3～4.3 GHz，中频频率范围为 DC～0.8 GHz。

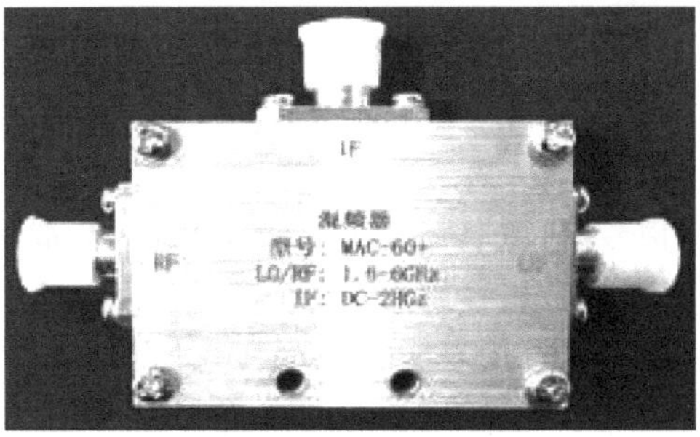

图 6－10　待测混频器

5. 微波频率源

微波频率源型号为 LTC－6946－2(见图 6－11)。其工作频率为 2 490 MHz，需要 5 V 直流电源供电。

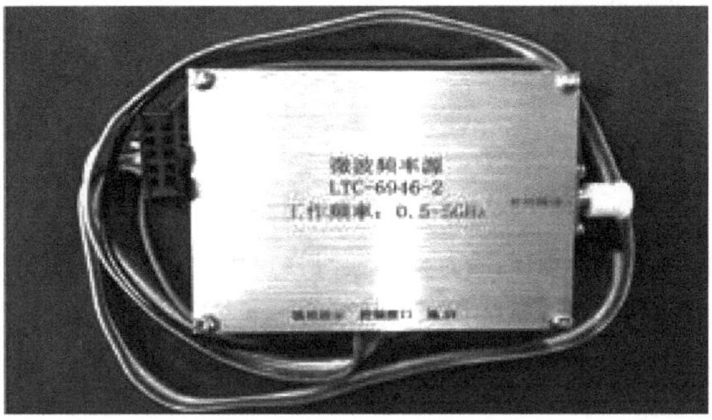

图 6－11　微波频率源(LTC－6946－2)

6. 连接线

连接线采用射频同轴电缆,如图 6-12 所示。两根连接线的参数完全相同。

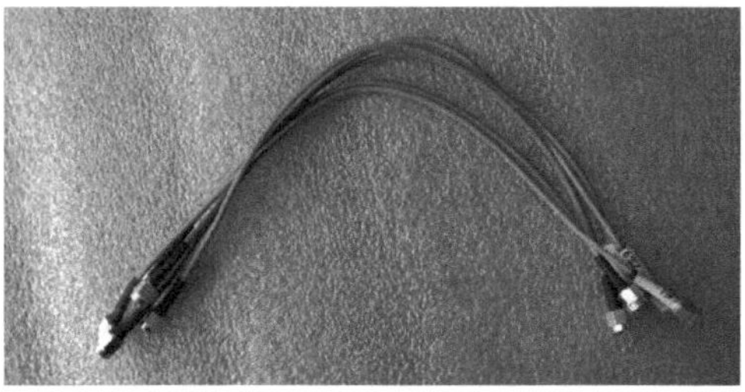

图 6-12 连接线(射频同轴电缆)

6.4 注意事项

实验前要认真阅读使用手册,了解实验设备、仪器、仪表的性能、额定值及使用方法。

6.5 实验内容及步骤

6.5.1 实验准备

① 准备好频谱分析仪、信号源、微波频率源、5 V 直流电源、混频器、连接线及电源线。

② 戴上防静电腕带或者触摸金属释放静电。

③ 打开直流电源输出按钮,用万用表“20 V”电压挡测量直流电源输出电压,若输出电压为 5 V,说明直流电源正常工作。测量结束后关闭直流电源。

6.5.2 测量线损

① 预热好仪器后,按照图 6-13 所示的连接示意图连接仪器。

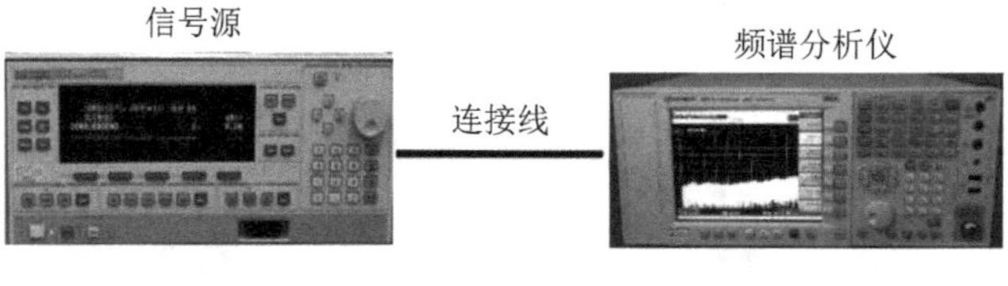

图 6-13 线损测量仪器连接示意图

② 操作信号源,使信号源输出频率为 100 MHz、功率为 −20 dBm 的信号。

③ 操作频谱分析仪,记录接收到信号的功率。

④ 每次将信号源输出频率增加 100 MHz,测量 100～4 500 MHz 中共 45 个频点的接收功率,并将测量结果填入表 6-1。

⑤ 根据表 6-1 中记录的数据计算单根连接线的损耗并填入表 6-1。

⑥ 测量完成后关闭信号源射频输出和直流电源。

表 6-1　线损测量数据记录表

信号源输出频率/MHz	接收功率/dBm	线损(单根)/dB	信号源输出频率/MHz	接收功率/dBm	线损(单根)/dB
100			2 400		
200			2 500		
300			2 600		
400			2 700		
500			2 800		
600			2 900		
700			3 000		
800			3 100		
900			3 200		
1 000			3 300		
1 100			3 400		
1 200			3 500		
1 300			3 600		
1 400			3 700		
1 500			3 800		
1 600			3 900		
1 700			4 000		
1 800			4 100		
1 900			4 200		
2 000			4 300		
2 100			4 400		
2 200			4 500		
2 300					

注:发射功率为−20 dBm。

6.5.3　测量混频器的 RF 频率响应

① 按照如图 6-14 所示的连接示意图连接仪器,先连接直流电源和微波频率源以保证共地,然后连接其他线路。

② 操作信号源,使信号源输出频率为 2 590 MHz、功率为−20 dBm 的信号。

③ 操作频谱分析仪,记录接收信号的功率。

④ 计算此时混频器的变频损耗。

⑤ 每次将信号源输出频率(RF 频率)增大 100 MHz,重复步骤②、③、④,测量 2 590 MHz~4 390 MHz 中一共 19 个频点,根据 $f_{IF}=f_{RF}-f_{LO}$ 计算中频,记录接收到的中频信号功率,并

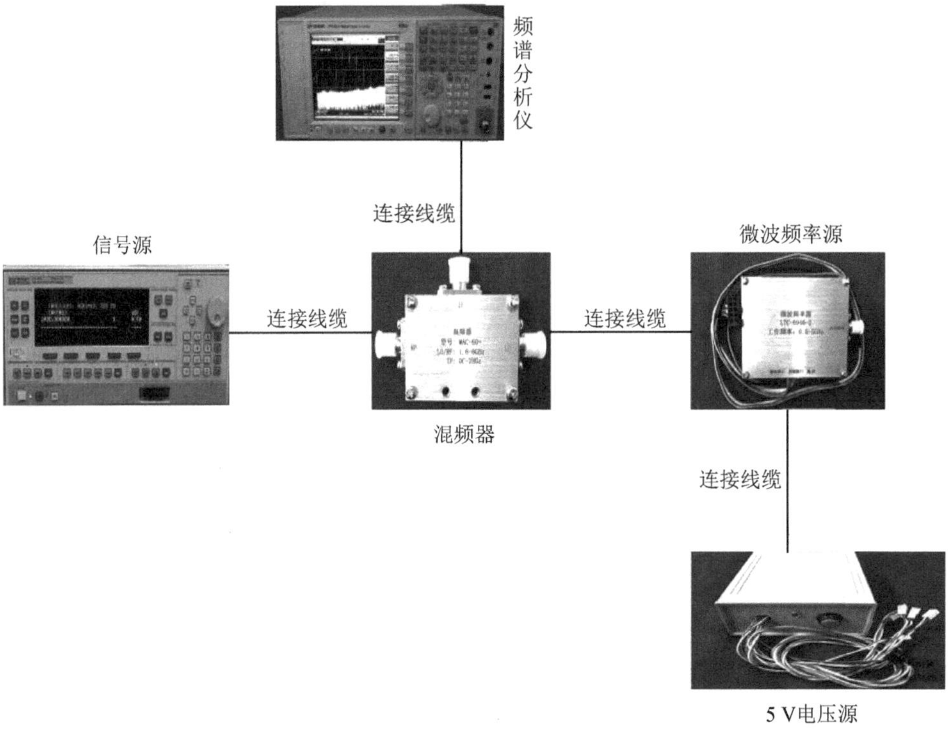

图 6-14　混频器 RF 频率响应测量线路连接示意图

计算变频损耗。

⑥ 整理实验数据并填入表 6-2，为了简化实验，2 590 MHz 下的线损可用 2 600 MHz 下的线损代替，以此类推[1]。

⑦ 根据表 6-2 中的数据绘制 RF 频率响应曲线。

表 6-2　RF 频率响应测量数据记录表

RF 频率/MHz	IF 频率/MHz	接收功率/dBm	线损(单根)/dB	变频损耗/dB
2 590	100			
2 690	200			
2 790	300			
2 890	400			
2 990	500			
3 090	600			
3 190	700			
3 290	800			
3 390	900			
3 490	1 000			

续表 6-2

RF 频率/MHz	IF 频率/MHz	接收功率/dBm	线损(单根)/dB	变频损耗/dB
3 590	1 100			
3 690	1 200			
3 790	1 300			
3 890	1 400			
3 990	1 500			
4 090	1 600			
4 190	1 700			
4 290	1 800			
4 390	1 900			

注:发射功率为−20 dBm。

6.5.4　测量混频器的 1 dB 压缩点

(1) 前置放大系统测量

① 按照图 6-15 所示的连接示意图连接仪器,先连接直流电源和微波放大器以保证共地,并用万用表欧姆挡测量两根微波放大器地线之间的电阻。若阻值小于 1 Ω,说明共地良好,然后连接其他线路。

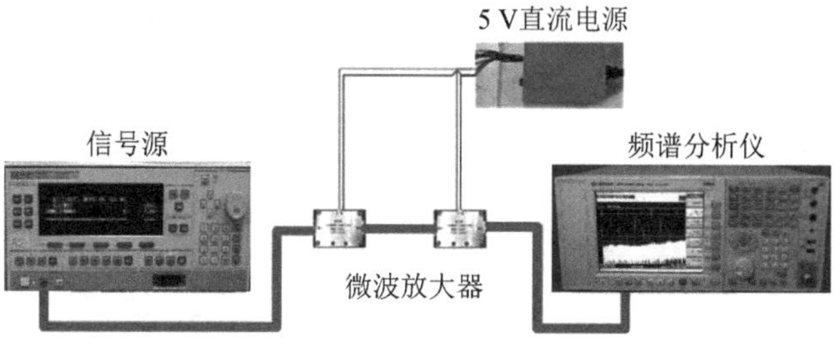

图 6-15　前置放大系统测量线路连接示意图

② 操作信号源,使信号源输出频率为 3 490 MHz、功率为−20 dBm 的信号。

③ 操作频谱分析仪,记录接收信号的功率。

④ 每次将发射功率增大 1 dBm,重复步骤①、②、③直到发射功率达到 0 dBm;

(2) 1 dB 压缩点测量

① 关闭直流电源,按照图 6-16 所示的连接示意图连接仪器,先连接直流电源和微波频率源以保证共地,并用万用表欧姆挡分别测量两根微波放大器地线和微波频率源之间的电阻。若阻值小于 1 Ω,说明共地良好,然后连接其他线路。

② 操作信号源,使信号源输出频率为 3 490 MHz、功率为−20 dBm 的信号。

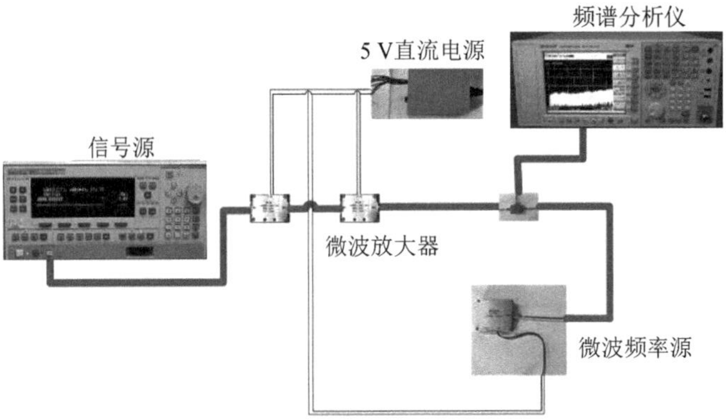

图 6-16 1 dB 压缩点测量线路连接示意图

③ 操作频谱分析仪,记录接收到信号的功率。

④ 每次将发射功率增大 1 dBm,重复步骤①、②、③直到发射功率达到 0 dBm。

⑤ 整理实验数据并填入表 6-3。

⑥ 根据表 6-3 中的数据,计算混频器 1 dB 压缩点上等效输入功率以及此时的变频损耗。

表 6-3 1 dB 压缩点测量数据记录表

发射功率/dBm	等效发射功率/dBm	系统功率增益/dB	线损(单根)/dB	变频损耗/dB
−20				
−19				
−18				
−17				
−16				
−15				
−14				
−13				
−12				
−11				
−10				
−9				
−8				
−7				
−6				
−5				
−4				

续表 6-3

发射功率/dBm	等效发射功率/dBm	系统功率增益/dB	线损(单根)/dB	变频损耗/dB
−3				
−2				
−1				
0				

注:RF 频率为 3 490 MHz,LO 频率为 2 490 MHz,IF 频率为 1 000 MHz。

【思考题】

1. 噪声功率加到混频器上时,是否可以改变微波接收机的增益?

2. 混频器的另两个重要指标是信号端口与本振端口的隔离度,它们应如何测量?画出测试系统框图并列出实验步骤。

参考文献

[1] 钮茂德. 微波实验指导书[M]. 西安:西北电讯工程学院出版社,1985.

第7章

压控振荡器实验

7.1 实验目的与预习要求

1. 实验目的

(1) 掌握压控振荡器的工作原理及主要性能指标的概念;

(2) 学会使用频谱分析仪进行振荡器测试;

(3) 测量压控振荡器输入频率和输出功率,了解二者与控制电压之间的关系。

2. 预习要求

(1) 掌握频谱分析仪的操作方法;

(2) 掌握压控增益的概念及测量方法。

7.2 实验原理

7.2.1 压控振荡器

压控振荡器是一种通过控制输入电压来控制振荡频率的电子器件,即其振荡频率会随着直流电压的改变而改变。压控振荡器实现电压控制的方法主要有如下两种:

① 直接改变决定振荡频率的振荡回路元件(如电阻、电感、电容)的数值;

② 控制多谐振荡器中定时元件的充放电电流或电压。

利用上述方法,理论上各种振荡器都可能改造成为一个压控振荡器。压控振荡器首先是一个振荡器,在振荡器谐振回路中加入电控器件(如变容二极管),则可得到压控振荡器,从而可通过控制电压去控制振荡器的振荡频率。

压控振荡器主要有如下几种类型:

① LC 压控振荡器;

② RC 压控振荡器;

③ 负阻压控振荡器;

④ 晶体压控振荡器。

究竟采用哪种类型的压控振荡器，必须视应用场景和要求而定。例如，如果只是为了操作简便和获得很宽的频率调谐范围（即频率覆盖范围），而对相位噪声没什么要求，那么可以选用由 RC 振荡器构成的 RC 压控振荡器；如果要求有较宽的频率调谐范围和较低的相位噪声，则可以选用由 LC 振荡器构成的 LC 压控振荡器；如果对相位噪声指标要求较高，而频率调谐范围并不要求太宽，那么可以选用由晶体振荡器构成的晶体压控振荡器。压控振荡器常被用于信号发生器、电子音乐（用于制造变调）、锁相环电路以及通信设备中的频率合成器。

高频压控振荡器的频率控制部分通常由变容二极管与电感组成的 LC 谐振电路实现。变容二极管是利用 PN 结反偏时势垒电容随外加电压变化而变化的特性制成的。当 P 型半导体和 N 型半导体接触时，P 区的空穴向 N 区扩散会使接触面的 P 区一侧形成一个负电荷薄层；而 N 区的电子向 P 区扩散会使接触面的 N 区一侧形成一个正电荷薄层。当这种扩散达到平衡时，将在接触面处形成势垒，势垒电压可用接触电位差 φ 来表示。同时，接触面的两侧建立了一个相对稳定的空间电荷区，其宽度为 W，如图 7－1 所示。在空间电荷区内，由于载流子均已逸出而形成耗尽层，相当于电介质，而其两侧因有异性载流子，则相当于导体，这就构成了类似平板电容器的结构，称为 PN 结电容。外加负偏压时（P 区接负极，N 区接正极），其方向与势垒电压方向相同，因此合成电压大于 φ，于是空间电荷区中电荷数量增加、耗尽层变宽、结电容减小。而外加正偏压时，合成电压小于 φ，且耗尽层变窄、结电容增大。因此，当外加偏压改变时，结电容随之改变[1]。

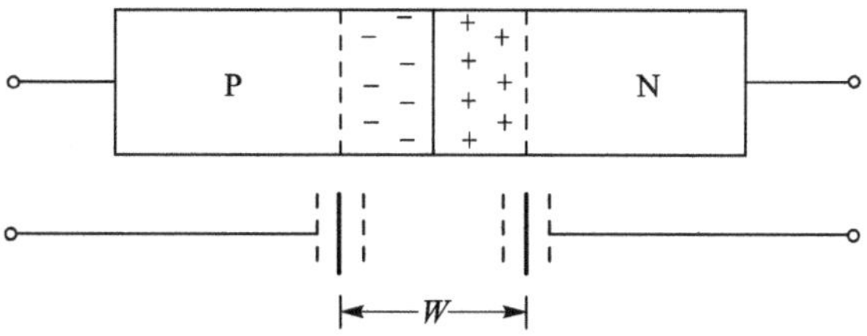

图 7－1　PN 结电容的形成

低频压控振荡器则依照不同频率而选择不同的控制方法，如以改变对电容充电的速率为手段得到一个支持电压控制的电流源，从而实现频率控制。

7.2.2　压控振荡器主要技术指标

1. 中心频率

中心频率是指输出频率调节范围的中间值，即输出频率最大值与最小值的中间值。中心频率的大小取决于振荡器的结构和元器件参数，也与工艺和温度相关。随着科学技术的发展和元器件性能的提高，现如今 CMOS 压控振荡器的中心频率能够达到 10 GHz。

2. 压控灵敏度

压控灵敏度（K_v）也称为压控增益，是指单位输入电压变化引起的输出频率变化，单位是 Hz/V。在实际应用中，压控振荡器的压控灵敏度越高，控制线路上的噪声响应越强，输出频率的相位噪声就越高，就会使压控振荡器的噪声性能降低，因此需要寻找压控振荡器的增益和噪声性能的平衡点。

3. 频率调谐范围

频率调谐范围是指输出频率的调节范围,即振荡器的最大调谐频率和最小调谐频率的差值。通常,调谐范围越大,谐振器的品质因数(Q)越小。谐振器的 Q 值与振荡器的相位噪声性能有关:Q 值越小,相位噪声性能越差。

4. 相位噪声

所有实际信号源都具有不稳定性,其中存在着信号幅度、频率或者相位的随机起伏。通常将这些不稳定性因素统一描述为相位噪声,要求其值尽可能小。一个振荡器在某一偏移频率处的相位噪声定义为在该频率处 1 Hz 带宽内的噪声功率与信号总功率比值,单位为 dBc/Hz。

5. 压控线性

一般压控振荡器在频率调谐范围内并不一定能保证很好的压控线性,实际使用中则一般希望压控振荡器在一定频率调谐范围内的控制线性度越高越好。

7.2.3 线 损

线损是指电流在由导线进行传输时,以热能形式产生的能源损耗。将压控振荡器的输出信号经过连接线输入频谱分析仪可测量其输出功率。然而,由于连接线存在线损,使实际测量得到的压控振荡器的输出功率比理论值要小,因此在压控振荡器测量前要先测量连接线的线损。实验中测量线损的系统框图如图 7-2 所示。

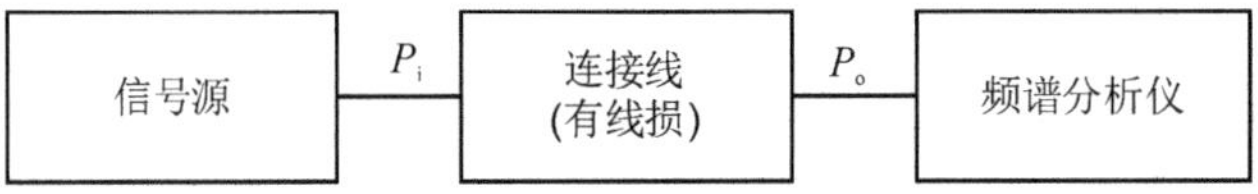

图 7-2 线损测量系统框图

信号通过连接线直接输入频谱分析仪进行观察,定义线损

$$L_l = P_i - P_o \text{(dB)} \tag{7-1}$$

线损的单位是 dB,输入功率和输出功率的单位都是 dBm。在关于 dB 和 dBm 的计算中要注意基本概念:两个功率值(单位为 dBm)相减时,得到结果的单位是 dB,如 30 dBm－0 dBm＝30 dB。对于连接线,一般有 $L_l>0$。由于线损与信号频率关系较密切,因此应当分别测量不同频率下的线损,并得到线损-频率表,便于后面处理数据时对压控振荡器输出功率进行校正。完成线损测量后,就可以进行压控振荡器的测量了。

7.3 实验仪器及器件

本节以北京航空航天大学微波工程实验室现有的仪器和器件为例进行介绍,其他仪器和器件可以此为参考。

1. 信号源

信号源型号为 HP-83620A,如图 7-3 所示。其频率范围为 10 MHz～20 GHz,频率分辨率为 1 kHz,内部时基为 10 MHz;输出功率范围为－110～13 dBm,输出功率分辨率为 0.02 dB。

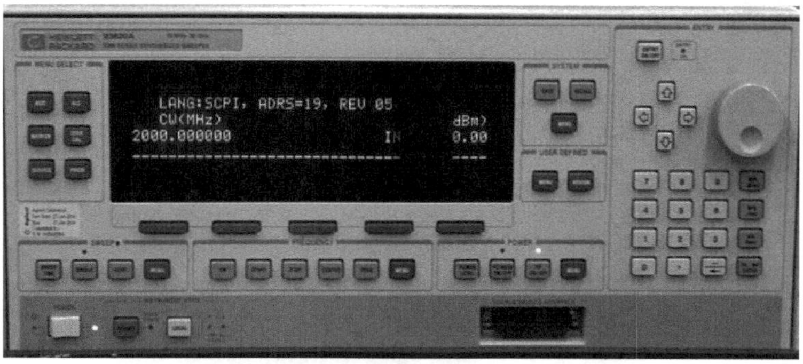

图 7-3　信号源(型号为 HP-83620A)

2. 频谱分析仪

频谱分析仪型号为 Keysight N9020A,如图 7-4 所示。其频率范围为 20 Hz～3.6 GHz,具有高达 26.5 GHz 的内部前置放大器选项,分析带宽为 25 MHz,幅度精度为 0.3 dB,输入功率范围为－110～30 dBm。

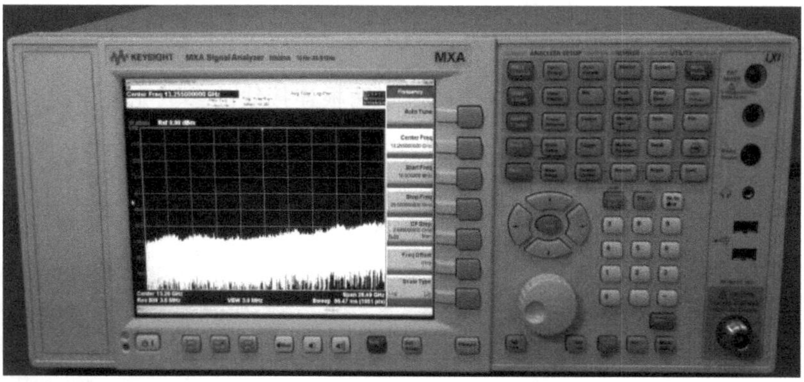

图 7-4　频谱分析仪(Keysight N9020A)

3. 直流电源和电源线

直流电源和压控振荡器专用电源线如图 7-5 所示。自制电源,输出为 5 V,电源线为压控振荡器专用的,一端为香蕉头,一端为直插头。

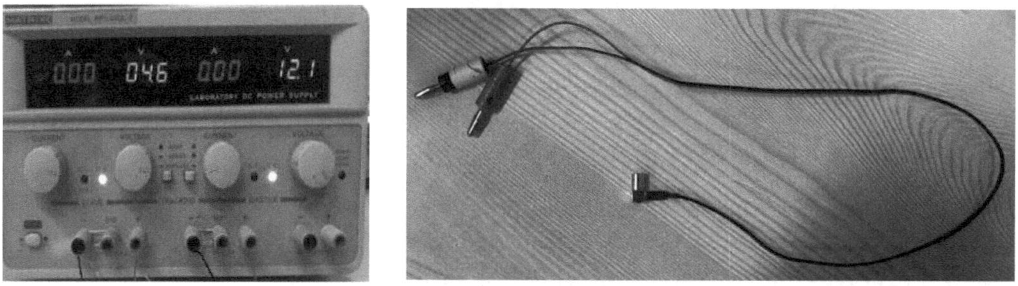

图 7-5　直流电源和压控振荡器专用电源线

4. 压控振荡器

压控振荡器型号为 AT - RF3020 - 1，如图 7 - 6 所示。

图 7 - 6　压控振荡器(AT - RF3020 - 1)

5. 连接线

连接线采用射频同轴电缆，如图 7 - 7 所示。两根连接线的参数完全相同。

6. 万用表

万用表型号为 UNI - T UT61A，如图 7 - 8 所示。其直流电压量程为 0.1 mV～1 kV。

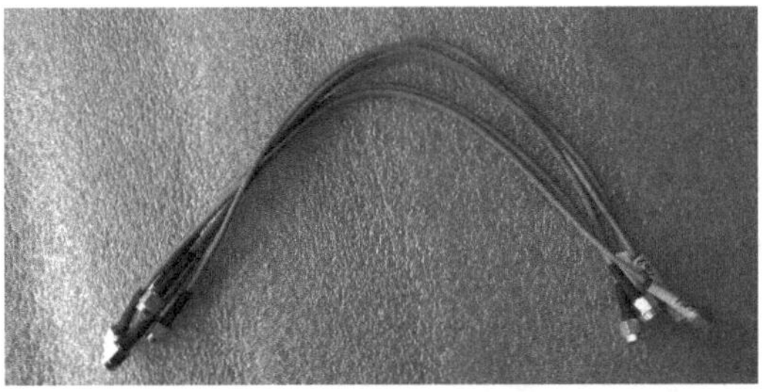

图 7 - 7　连接线(射频同轴电缆)

图 7 - 8　万用表

7.4　注意事项

频谱分析仪对输入电平有明确要求，注意不要超出量程。

7.5　实验内容及步骤

本实验的主要内容是测量连接线的线损、压控振荡器的输出频率和功率，根据测量数据绘制压控振荡器输出频率随调谐电压变化的曲线并求出压控灵敏度[2]。

7.5.1　测量线损

① 准备好频谱分析仪、信号源、连接线。

② 戴上防静电腕带或者触摸金属释放静电。

③ 按照图 7-9 所示的连接示意图将信号源直接与频谱分析仪相连。操作信号源，使信号源输出频率为 100 MHz、功率为 −20 dBm 的信号。

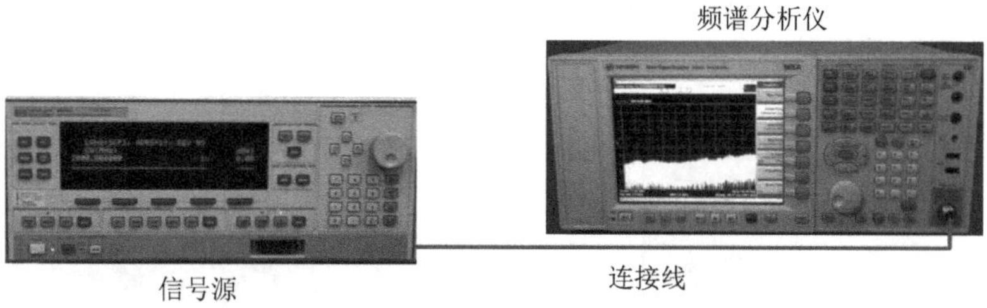

图 7-9　线损测量仪器连接示意图

④ 操作频谱分析仪，记录接收到信号的功率，该功率与信号源发射功率的差值即为线损。测量 13 个频点（起始频率为 100 MHz，终止频率为 3 GHz）的接收功率，取中间点记录数据，并将测量结果填入表 7-1。

表 7-1　线损测量数据记录表

信号源输出频率/MHz	接收功率/dBm	线损（单根）/dB
100		
300		
500		
700		
900		
1 100		
1 300		
1 500		
1 800		
2 100		
2 400		
2 700		
3 000		

注：发射功率为 −20 dBm。

7.5.2 测量压控振荡器的输出频率和功率

① 准备好频谱分析仪、压控振荡器、直流电源、压控振荡器专用电源线、连接线。

② 将电源负极与地线相连。

③ 打开直流电源输出按钮，用万用表“20 V”电压挡测量直流电源输出电压，若输出电压为 5 V，说明直流电源正常工作。

④ 调整直流电源的一路输出电压为＋12 V，另一路输出电压为＋5 V。由于直流电源表头示数有误差，因此需要先用万用表测量电源线的输出端电压，确保其与表头显示一致。

⑤ 将＋12 V 端与压控振荡器的直流偏置端口相连，将＋5 V 端与压控振荡器的调谐端口相连，用连接线连接压控振荡器的 RF 输出端口和频谱分析仪的输入端口。连接线路如图 7－10 所示。

⑥ 以 0.5 V 为步进测量调谐电压从 1.0 V 至 12.0 V 时，读取频谱分析仪上对应的输出频率和功率，将测量数据填入表 7－2。

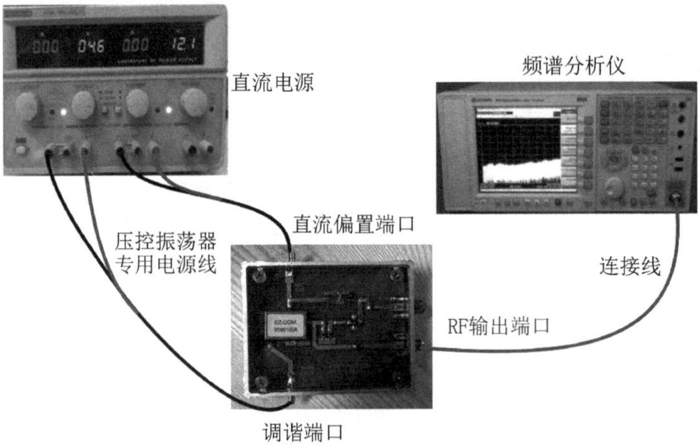

图 7－10　压控振荡器测量线路连接示意图

表 7－2　输出频率和功率测量数据记录表

调谐电压/V	输出频率/MHz	输出功率/dBm	调谐电压/V	输出频率/MHz	输出功率/dBm
1.0			7.0		
1.5			7.5		
2.0			8.0		
2.5			8.5		
3.0			9.0		
3.5			9.5		
4.0			10.0		
4.5			10.5		

续表 7-2

调谐电压/V	输出频率/MHz	输出功率/dBm	调谐电压/V	输出频率/MHz	输出功率/dBm
5.0			11.0		
5.5			11.5		
6.0			12.0		
6.5					

⑦ 频谱分析仪测得输出功率平均值：______dBm；考虑线损，查表 7-1 得到不同频率处连接线的损耗，则压控振荡器平均输出功率 $P'=$______dBm，$P=$______W。

P'与 P 的换算公式：$P'(\text{dBm})=30+10\lg P$。

⑧ 根据测试数据绘制出输出频率随电压变化的曲线。

⑨ 将数据拟合回归方程模型，可求得压控灵敏度（即拟合回归直线的斜率）$Kv=$______MHz/V。

【思考题】

1. 根据压控振荡器的分类，描述不同类型压控振荡器的工作原理。
2. 根据测量结果，对压控振荡器主要技术指标中的两种指标进行分析。

参考文献

[1] 陈光梦. 高频电路基础[M]. 上海：复旦大学出版社，2011.

[2] 徐军，杨宏春，洪劲松，等. 微波通信专业学位综合实验[M]. 成都：电子科技大学出版社，2014.

第8章 微波控制器件实验

8.1 实验目的与预习要求

1. 实验目的

(1) 掌握微波控制器件的分类、工作原理及主要性能指标；

(2) 掌握微波控制器件主要性能指标的测试方法。

2. 预习要求

(1) 了解 PIN 二极管的工作原理；

(2) 了解插入损耗与隔离度的定义及计算方法。

8.2 实验原理

8.2.1 PIN 二极管的原理和结构

一般二极管中，N 型杂质掺杂的半导体材料和 P 型杂质掺杂的半导体材料直接构成 PN 结。而 PIN 二极管中，P 型半导体材料和 N 型半导体材料之间加入了一层低掺杂的本征(Intrinsic)半导体层(I 层)。

PIN 二极管的结构示意图如图 8－1 所示，本征半导体近似于介质，这就相当于增大了 PN 结电容两个等效电极之间的距离，使结电容变得很小。同时，P 型半导体和 N 型半导体中耗尽层的宽度是随反偏压增大而增大的，在这一过程中，结电容会进一步变小。由于存在 I 层且 P 区一般做得很薄，入射光子只能在 I 层被吸收，同时反偏压主要集中在 I 层，形成强电场，使 I 层的光生载流子加速运动，因此载流子渡越时间常量减小，从而提升了光电二极管的频率响应性能。I 层的引入加宽了耗尽区，也展宽了光电转换的有效工作区域，从而使二极管灵敏度得以提高。

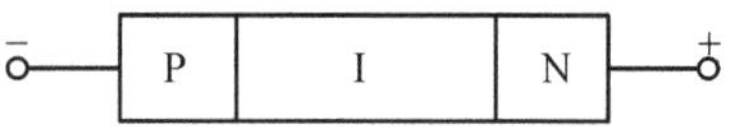

图 8－1 PIN 二极管的结构示意图

PIN 二极管的基本结构有两种：平面结构和台面结构，如图 8－2 所示。对于 Si－PIN133

结二极管,其中 I 层的载流子浓度很低(约为 $10^{13}\,cm^{-3}$ 数量级)、电阻率很高(约为 kΩ·cm 数量级)且厚度一般较大(在 10～200 μm);I 层两边的 P 型和 N 型半导体的杂质掺杂浓度通常很高。

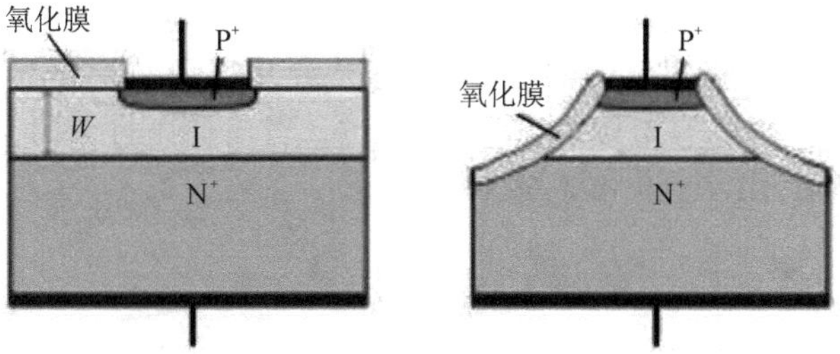

(a) 平面结构　　(b) 台面结构

图 8-2　PIN 二极管的两种结构

平面结构和台面结构 PIN 二极管的 I 层都可以采用外延技术来制作,高杂质掺杂浓度的 P^+ 层可以采用热扩散或者离子注入技术来获得。平面结构 PIN 二极管可以简便地采用常规平面工艺来制作,而台面结构 PIN 二极管还需要采用台面工艺(通过腐蚀或者挖槽来实现)来制作。台面结构的优点:去掉了平面结的弯曲部分,改善了表面击穿电压;减小了边缘电容和电感,有利于提高工作频率。

8.2.2　PIN 二极管在不同偏压下的工作状态

1. 正偏压

给 PIN 二极管加正偏压时,P 区和 N 区的多数载流子会注入 I 层,并在 I 层复合。当注入的载流子和复合载流子的速率相等时,电流 I 达到平衡状态。而 I 层由于积累了大量的载流子导致电阻变低,因此 PIN 二极管正向偏置时,呈低阻抗特性。正偏压越大,注入 I 层的载流子就越多,PIN 二极管的电阻越小。图 8-3 是正偏压下 PIN 二极管的等效电路图,可以看出其等效为一个阻值很小的电阻,阻值在 0.1～10 Ω。

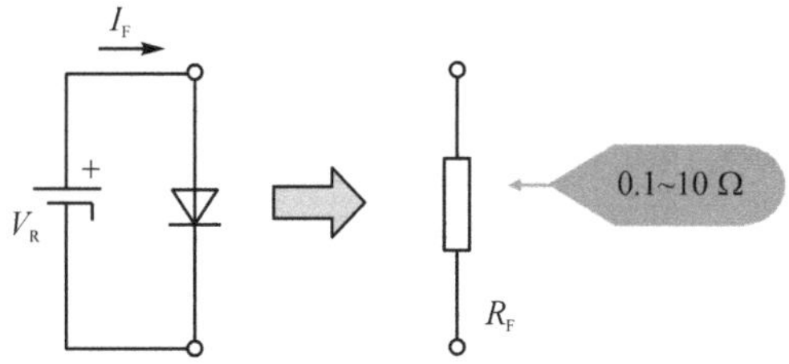

图 8-3　正偏压下 PIN 二极管的等效电路图

2. 零偏压

当 PIN 二极管两端不加电压时,由于实际的 I 层中含有少量的 P 型杂质,所以在 IN 接触面处,I 层的空穴向 N 区扩散,N 区的电子向 I 层扩散,形成空间电荷区。由于 I 层杂质浓度相比 N 区很低,所以耗尽区几乎全部在 I 层内。在 PI 接触面,由于存在浓度差(P 区的空穴浓度远大于 I 层的),也会发生扩散运动,但是其影响相对于 IN 接触面的扩散小得多,可以忽略不计。所以零偏压下,I 层由于存在耗尽区使得 PIN 二极管呈现高阻抗特性。

3. 反偏压

反偏压跟零偏压的情况很类似，所不同的是前者内建电场会得到加强，其效果是使 IN 结的空间电荷区变宽，且主要是向 I 层扩展。此时，PIN 二极管可以等效为电阻加电容(见图 8－4)，其电阻是剩下的本征区电阻，而电容是耗尽区的势垒电容。由图 8－4 可以看出，电阻范围为 1～100 Ω，电容范围为 0.1～10 pF。当反偏压过大时，耗尽区会充满整个 I 层，此时会发生 I 层穿通，PIN 二极管不能正常工作。

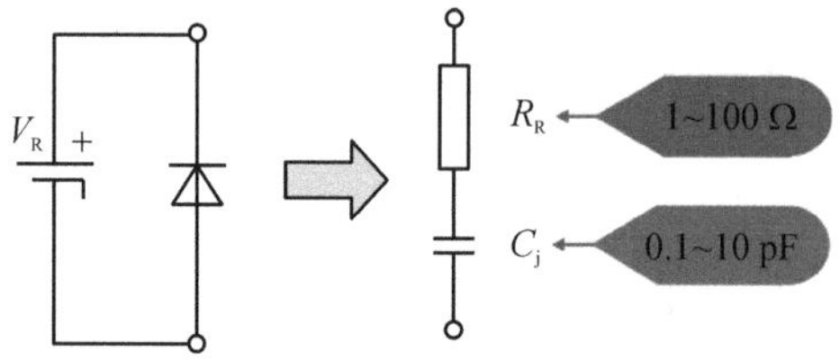

图 8－4 反偏压下 PIN 二极管的等效电路图

8.2.3 PIN 二极管作为射频开关

1. 工作原理

因为 PIN 二极管的射频电阻与直流偏置电流有关，所以它可以用作射频开关和衰减器。串联射频开关电路在二极管正偏时即接通(短路)，在二极管零偏或者反偏时即断开(开路)。但其不仅最高工作频率会受到限制，最低工作频率也会受到限制，因此 PIN 二极管不能控制直流或低频信号的通断。受截止频率的影响，PIN 二极管射频开关还有一个上限工作频率，因此要求其频带尽量宽，以适应信号源频带越来越宽的现状。

2. 性能指标

插入损耗和隔离度：插入损耗定义为信号源产生的最大资用功率 P_A 与开关导通时负载获得的实际功率 P_{LD} 之比，即 P_A/P_{LD}。若开关断开时负载上的实际功率为 P'_{LD}，则隔离度可表示为分贝的形式：

$$L = 10\log(P_A/P'_{LD})(\mathrm{dB}) \tag{8-1}$$

根据网络散射参量的定义，有

$$L = 10\log(1/|S_{21}|^2)(\mathrm{dB}) \tag{8-2}$$

理想开关在断开时衰减无限大，导通时衰减为零。但是由于 PIN 二极管的阻抗不能减小到零，也不能增大至无限大，所以实际的开关在断开时衰减不是无限大，导通时衰减也不是零，一般只能要求两者的比值尽量大，开关导通时的衰减称为插入损耗，断开时的衰减称为隔离度，插入损耗和隔离度是衡量开关质量优劣的基本指标。一般针对射频开关的设计目标是低插入损耗和高隔离度。

功率容量：开关能承受的最大微波功率。PIN 二极管开关的功率容量主要受两方面的限制：二极管导通时所允许的最大功耗；二极管截止时所能承受的最大反向电压，也就是反向击穿电压。如果开关工作时超过了这些限制，超过前者会引起管内温升过高而导致二极管烧毁；超过后者会导致 I 层雪崩击穿。功率容量由开关在开、关状态下允许的微波信号功率中的较小者决定。此外，大功率工况下，非线性效应(如 IIP3)也是限制开关功率容量的一个主要因素，特别是在移动通信基站场景中。

驱动器要求：PIN 二极管开关和 FET 开关的驱动电路需求是不同的，前者需要提供电流偏置，后者则要求有偏压，驱动器性能是影响开关速度的主要因素之一。

开关速度：开关连通和断开的快慢，其在快速器件中是一个很重要的指标。可以列出 I 层中电流方程如下：

$$\frac{\mathrm{d}Q(t)}{\mathrm{d}t}=I_0-\frac{Q(t)}{\tau} \tag{8-3}$$

式中：$Q(t)$为 I 层储存的电荷量，C；I_0 为控制电流的幅值，A；τ 为载流子寿命，s。

开关速度提高到纳秒(ns)量级，通常采用 I 层很薄的 PIN 二极管，因为薄 I 层中贮存的载流子数量很少，使开关时间大幅缩短，这种情况下开关时间基本取决于载流子渡越 I 层的时间，而与载流子寿命无关。为了提高开关速度，也可选用载流子寿命短的二极管或增大控制电流的脉冲幅度，但后者受到 PIN 二极管最大允许功耗和反向击穿电压的限制。

电压驻波比(VSWR)：任何高频信号通道中的元器件不仅会产生插入损耗，也会导致信号传输线上的驻波增加。驻波是由入射波与反射波干涉而形成的，这种干涉经常是由系统中不同部分或连接点的阻抗不匹配造成的。

开关比：对于一个 PIN 二极管，在不考虑其封装寄生参量时，其正向状态可用正向电阻 R_1 表示，反向状态可以用反向串联电阻 R_2 和 I 层容抗 jX_c 的串联表示。由于$|X_c|\gg R_2$，故反向状态可近似以 jX_c 表示。该正反两种状态下容抗与阻抗的比值 X_c/R_1 则称为开关比，用以衡量 PIN 二极管射频开关的优劣。如要使开关比增大，则结电容 C 和 R_2 必须减小。同时，由公式 $X_c=\frac{1}{2\pi fC}$可以看出，当频率提高时，开关性能降低。

8.2.4　PIN 二极管作为电调衰减器

1. 工作原理

PIN 二极管可用作电调衰减器主要基于其独特的 P-I-N 三层结构。在正向偏置时，PIN 二极管的 P 区和 N 区的多载流子注入 I 层，并在其中复合，导致 I 层电阻降低，从而使 PIN 二极管呈现低阻抗特性，允许信号通过；而在反向偏置时，I 层中的载流子数量减少，使 PIN 二极管的阻抗增加，呈现高阻抗特性，阻止信号通过，从而实现对信号的衰减。

2. 性能指标

工作频带：电调衰减器覆盖的频率范围。射频应用中通常要求工作频带尽量宽，使衰减器能够适应更广泛的信号频率，满足不同系统的需求。宽工作频带可以减少频率变化导致的性能波动，确保衰减器在不同操作频率下都能提供一致的衰减效果。

衰减动态范围：电调衰减器可以提供的衰减量范围，允许对信号强度进行精确控制。衰减动态范围越宽，衰减器的调节能力越强，能够适应越多种类的信号处理需求。例如，在自动增益控制或信号强度精细调节场景中，具有宽衰减动态范围的衰减器可以提供更加灵活的控制。

插入损耗：衡量电调衰减器在导通状态下信号功率损失的指标。理想情况下，插入损耗应尽可能小，即减少信号在通过衰减器时的能量损耗。插入损耗的大小直接影响信号的传输质量和系统的整体性能。

回波损耗：衡量信号在衰减器输入端反射程度的参数，单位为分贝(dB)。高回波损耗意味着信号在衰减器输入端的反射程度较弱,可减少信号的反射干扰,提高信号传输效率和系统整体性能。

功率容量:PIN 二极管能承受的最大微波功率,受限于二极管导通时的最大功耗和截止时的反向击穿电压。

开关速度:开关连通和断开的快慢,对于快速器件来说是一个重要指标,PIN 二极管的开关速度可以缩短至纳秒级别。

电压驻波比(VSWR):任何在高频信号通道中的元器件都会产生驻波,其由系统中不同部分的阻抗不匹配造成,VSWR 是衡量这一现象的指标。

8.3 实验仪器及器件

本节以北京航空航天大学微波工程实验室现有的仪器和器件为例进行介绍,其他仪器和器件可以此为参考。其中,信号源、5 V 直流电源(用作控制微波开关的 TTL 信号源)、频谱分析仪、连接线(射频同轴电缆)与此前章节介绍的相同,本节不再赘述。微波开关上面一端连接电源,左右两端作为输入输出端,无使用上的差别。实验仪器及器件如图 8-5～图 8-9 所示。

图 8-5　信号源(HP 83620A)

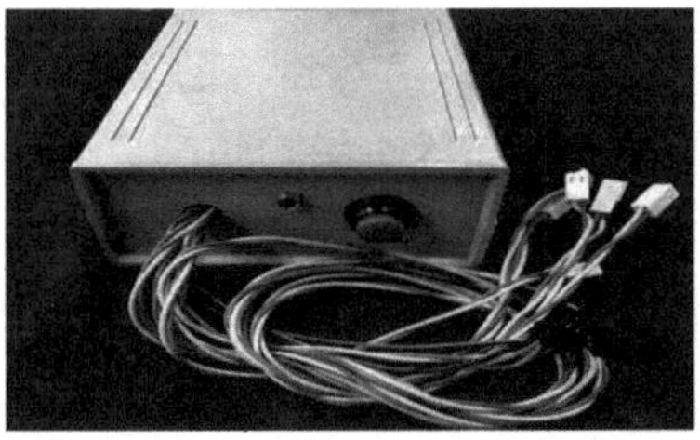

图 8-6　5 V 电压源(用作 TTL 信号源)

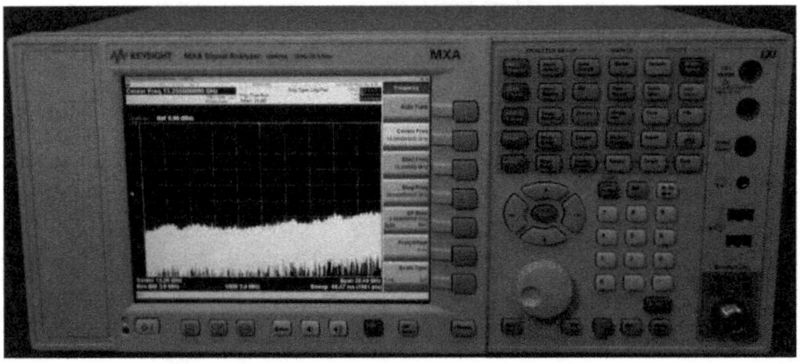

图 8-7　频谱分析仪(Keysight N9020A)

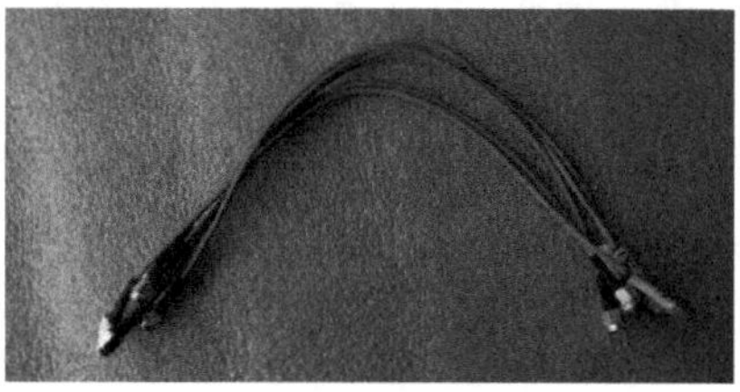

图 8－8　连接线(射频同轴电缆)

图 8－9　微波开关

8.4　注意事项

微波开关对直流电源要求较高，注意设置其限流并确保其良好接地。

8.5　实验内容及步骤

8.5.1　电调衰减器测试

1. 测试系统框图

电调衰减器主要性能指标测试系统框图如图 8－10 所示。

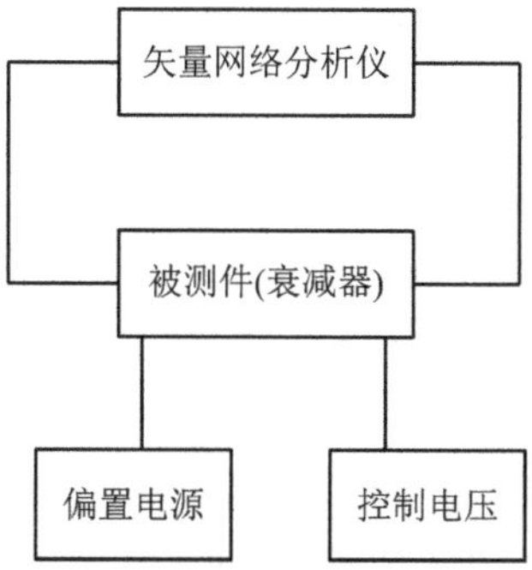

图 8－10　电调衰减器测试系统框图

2. 主要性能指标测试

(1) 插入损耗

测试系统框图如图 8－10 所示，应按以下步骤进行测试。

① 矢量网络分析仪开机预热，将工作频率、输入功率、扫描频率点数设置为规定值。

② 系统进行 S 参数校准或归一化校准。

③ 按图 8－10 连接测试系统，施加规定的偏置条件，设置控制电压使衰减器处于参考状态，从矢量网络分析仪上直接读出此状态下输出信号幅度与输入信号幅度的比值(S 参数)，即为插入损耗 L_{ins}。

(2) 带内波动

测试系统框图如图 8－10 所示，应按以下步骤进行测试。

① 矢量网络分析仪开机预热，将工作频率、输入功率、扫描频率点数设置为规定值。

② 系统进行 S 参数校准或归一化校准。

③ 按图 8－10 连接测试系统，施加规定的偏置条件，设置控制电压使衰减器处于参考状态，测量同一衰减器在不同频点处参考状态下的插入损耗最大值 L_{max0} 与插入损耗最小值 L_{min0}。

④ 根据如下公式计算带内波动：

$$\Delta L_0 = |L_{max0} - L_{min0}| \tag{8-4}$$

式中：

ΔL_0——被测衰减器的带内波动，单位为 dB；

L_{max0}——被测衰减器带内参考状态下插入损耗的最大值，单位为 dB；

L_{min0}——被测衰减器带内参考状态下插入损耗的最小值，单位为 dB。

(3) 衰减量

测试系统框图如图 8－10 所示，应按以下步骤进行测试。

① 矢量网络分析仪开机预热，将工作频率、输入功率、扫描频率点数设置为规定值。

② 系统进行 S 参数校准或归一化校准。

③ 按图 8－10 连接测试系统，施加规定的偏置条件，设置控制电压使衰减器处于参考状态，记录插入损耗 L_{ins}；改变控制电压，使衰减器处于指定的衰减状态，记录此时的插入损耗 L_{att}。

④ 根据如下公式计算衰减量：

$$A_{att} = |L_{att} - L_{ins}| \tag{8-5}$$

式中：

A_{att}——衰减器的衰减量，单位为 dB；

L_{att}——指定状态下的插入损耗，单位为 dB；

L_{ins}——参考状态下的插入损耗，单位为 dB。

(4) 衰减平坦度

测试系统框图如图 8－10 所示，应按以下步骤进行测试。

① 矢量网络分析仪开机预热，将工作频率、输入功率、扫描频率点数设置为规定值。

② 系统进行 S 参数校准或归一化校准。

③ 按图 8－10 连接测试系统，施加规定的偏置条件，设置控制电压使衰减器处于指定状态。

④ 记录指定状态下，衰减器在不同频率点处的衰减量最大值 $A_{att(max)}$ 与衰减量最小值 $A_{att(min)}$。

⑤ 根据如下公式计算衰减平坦度：

$$\Delta A = A_{att(max)} - A_{att(min)} \tag{8-6}$$

式中：

ΔA——衰减器的衰减平坦度，单位为 dB；

$A_{att(max)}$——指定衰减状态下的衰减量最大值，单位为 dB；

$A_{att(min)}$——指定衰减状态下的衰减量最小值，单位为 dB。

(5) 衰减范围

测试系统框图如图 8－10 所示,应按以下步骤进行测试。

① 矢量网络分析仪开机预热,将工作频率、输入功率、扫描频率点数设置为规定值。

② 系统进行 S 参数校准或归一化校准。

③ 按图 8－10 连接测试系统,施加规定的偏置条件,设置控制电压使衰减器处于参考状态,记录插入损耗 L_{ins};改变控制电压,使衰减器处于最大衰减状态,记录最大衰减状态下的插入损耗 $L_{att(max)}$。

④ 根据如下公式计算衰减范围:

$$A_{ran}=L_{att(max)}-L_{ins} \tag{8-7}$$

式中:

A_{ran}——衰减器的衰减范围,单位为 dB;

$L_{att(max)}$——最大衰减状态下的插入损耗,单位为 dB;

L_{ins}——参考状态下的插入损耗,单位为 dB。

(6) 衰减温度稳定性、衰减温度系数

测试系统框图如图 8－10 所示,应按以下步骤进行测试。

① 矢量网络分析仪开机预热,将工作频率、输入功率、扫描频率点数设置为规定值。

② 系统进行 S 参数校准或归一化校准。

③ 按图 8－10 连接测试系统,施加规定的偏置条件,设置控制电压使衰减器处于指定状态,从矢量网络分析仪中读取常温下规定频率的衰减量,以此为基准。

④ 根据规定温度点或温度间隔测量衰减器的高温下衰减量 $A_{att(H)}$ 和低温下衰减量 $A_{att(L)}$。

⑤ 根据式(8－8)计算衰减温度稳定性 A_{tem},根据式(8－9)计算衰减温度系数 α_A:

$$A_{tem}=\left|A_{att(H)}-A_{att(L)}\right| \tag{8-8}$$

$$\alpha_A=\frac{A_{att(H)}-A_{att(L)}}{T_H-T_L} \tag{8-9}$$

式中:

A_{tem}——衰减器的衰减温度稳定性,单位为 dB;

$A_{att(H)}$——高温值下读出的衰减值,单位为 dB;

$A_{att(L)}$——低温值下读出的衰减值,单位为 dB;

α_A——衰减器的衰减温度系数,单位为 dB/℃;

T_H——规定高温值,单位为摄氏度(℃);

T_L——规定低温值,单位为摄氏度(℃)。

(7) 衰减精度

测试系统框图如图 8－10 所示,应按以下步骤进行测试。

① 矢量网络分析仪开机预热,将工作频率、输入功率、扫描频率点数设置为规定值。

② 系统进行 S 参数校准或归一化校准。

③ 按图 8－10 连接测试系统,施加规定的偏置条件,设置控制电压使衰减器处于指定状态,测试此时的衰减量 A_{att}。

④ 根据如下公式计算衰减精度:

$$A_{aur}=A_{att}-A_{idl} \tag{8-10}$$

式中：

A_{aur}——衰减器的衰减精度，单位为 dB；

A_{att}——衰减器的衰减量，由式(8-4)计算出，单位为 dB；

A_{idl}——指定衰减状态下的目标衰减量，单位为 dB。

(8) 幅度一致性

测试系统框图如图 8-10 所示，应按以下步骤进行测试。

① 矢量网络分析仪开机预热，将工作频率、输入功率、扫描频率点数设置为规定值。

② 系统进行 S 参数校准或归一化校准。

③ 按图 8-10 连接测试系统，施加规定的偏置条件，设置控制电压使衰减器处于指定状态，从矢量网络分析仪中读取衰减量最大值 $A_{att(max)}$ 和最小值 $A_{att(min)}$。

④ 根据如下公式计算幅度一致性：

$$\Delta A_{n0}=A_{att(i)}-\frac{A_{att(max)}+A_{att(min)}}{2} \tag{8-11}$$

式中：

ΔA_{n0}——n 个衰减器的幅度一致性，单位为 dB；

$A_{att(i)}$——第 i 个衰减器同一频率点处的参考状态下的衰减量，单位为 dB；

$A_{att(max)}$——$A_{att(max)}=\max\left[A_{att1},A_{att2},\cdots,A_{att(n-1)},A_{att(n)}\right]$，$n$ 个衰减器在同一频率点处参考状态下的衰减量最大值，单位为 dB；

$A_{att(min)}$——$A_{att(min)}=\min\left[A_{att1},A_{att2},\cdots,A_{att(n-1)},A_{att(n)}\right]$，$n$ 个衰减器在同一频率点处参考状态下的衰减量最小值，单位为 dB。

(9) 相位一致性

测试系统框图如图 8-10 所示，应按以下步骤进行测试。

① 矢量网络分析仪开机预热，将工作频率、输入功率、扫描频率点数设置为规定值。

② 系统进行 S 参数校准或归一化校准。

③ 按图 8-10 连接测试系统，施加规定的偏置条件，设置控制电压使衰减器处于指定状态，从矢量网络分析仪中读取相位的最大值 PH_{max} 和最小值 PH_{min}；

④ 根据如下公式计算幅度一致性：

$$\Delta\varphi_{n0}=PH_i-\frac{PH_{max}+PH_{min}}{2} \tag{8-12}$$

式中：

$\Delta\varphi_{n0}$——n 个衰减器的相位一致性，单位为度(°)；

PH_i——第 i 个被测衰减器同一频率点指定状态下相位值，单位为度(°)；

PH_{max}——$PH_{max}=\max\left[PH_1,PH_2,\cdots,PH_{n-1},PH_n\right]$，$n$ 个衰减器在同一频率点处指定状态下的相位最大值，单位为度(°)；

PH_{min}——$PH_{min}=\min\left[PH_1,PH_2,\cdots,PH_{n-1},PH_n\right]$，$n$ 个衰减器在同一频率点处指定状态下的相位最小值，单位为度(°)。

(10) 输入、输出驻波比

测试系统框图如图 8-10 所示，应按以下步骤进行测试。

① 矢量网络分析仪开机预热，将工作频率、输入功率、扫描频率点数设置为规定值。

② 系统进行 S 参数校准或归一化校准。

③ 按图 8－10 连接测试系统，施加规定的偏置条件，设置控制电压使衰减器处于指定状态，从矢量网络分析仪上直接读出此状态下输入、输出端口的驻波比 $VSWR_{in}$、$VSWR_{out}$。

8.5.2　射频开关测试

1. 测试仪器连接

测试仪器连接框图如图 8－11 所示，实物连接示意图如图 8－12 所示。

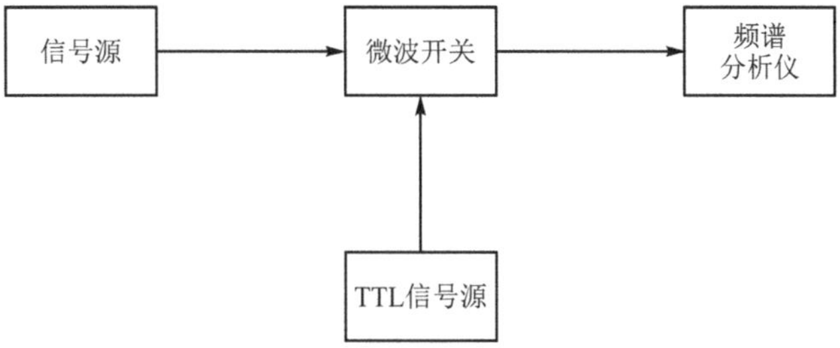

图 8－11　测试仪器连接框图

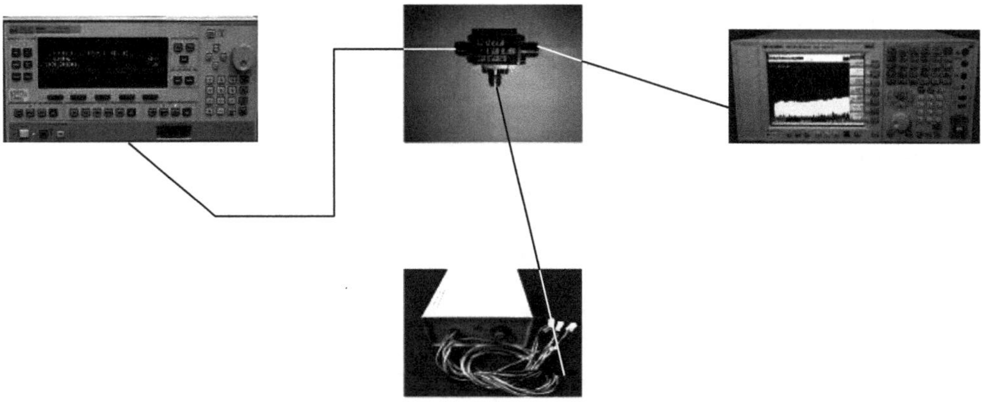

图 8－12　测试仪器实物连接示意图

2. 主要性能指标测试

① 开启信号源，预热 15～20 分钟；

② 设置信号源输出功率，用连接线连接信号源与频谱分析仪，测量在不同频率下的线损并填入表 8－1；

③ 将微波开关按图 8－12 所示接入系统，微波开关上方端口接 TTL 信号源，左右两端口分别接信号源与频谱分析仪；

④ 设置一个固定的信号源输出功率，在不同频率下测量微波开关断开和连通时频谱分析仪的接收功率并填入表 8－2。

⑤ 根据式(8-1)计算微波开关的输入损耗和隔离度(去除线损的影响后再进行计算)。

表 8-1 线损测量数据记录表

信号源输出功率：__________

信号源频率/MHz	接收功率/dBm	线损(单根)/dB

表 8-2 插入损耗与隔离度测量数据记录表

信号源输出功率：__________

信号源输出频率/GHz	接收功率(开关连通时)/dBm	接收功率(开关断开时)/dBm	插入损耗/dB	隔离度/dB

8.6 实验拓展

1. 画出插入损耗与隔离度随频率变化的曲线；
2. 简单分析所得结果。

【思考题】

1. 怎么测量多路微波开关的插入损耗和隔离度?
2. 电调衰减器能否作为开关使用?

参考文献

[1] 全国电子测量仪器标准化技术委员会. 微波电路　电调衰减器测试方法: GB/T 42744—2023[S]. 2023.

第9章

S 参数测量实验

9.1 实验目的与预习要求

1. 实验目的

(1) 掌握矢量网络分析仪的工作原理;

(2) 初步掌握 AV36580 矢量网络分析仪的操作方法;

(3) 掌握使用矢量网络分析仪测量微带传输线不同工作状态下 S 参数的方法。

2. 预习要求

(1) 了解 S 参数的类型及其对应的物理意义及用途;

(2) 了解矢量网络分析仪的基本工作原理。

9.2 实验原理

针对微波系统,主要是研究其信号和能量这两大问题:信号问题的研究主要是围绕幅频和相频特性;能量问题的研究主要是围绕能量如何高效传输。微波系统是一种分布参数电路,必须采用场分析法进行研究,但由于场分析法过于复杂,因此需要一种简化的分析方法。微波网络作为一种等效电路法被广泛应用于微波系统分析。其在场分布分析的基础上,用路的方法将微波元件等效为电抗或电阻器件,将导波传输系统等效为传输线,从而将微波系统简化为微波网络,进而把场的问题转化为路的问题来解决。微波网络理论是在低频网络理论的基础上发展起来的,低频电路分析可看作微波电路分析的一个特殊情况。一般地,一个网络中有 Y、Z 和 S 参数可用来测量和分析:Y 参数称为导纳参数,Z 参数称为阻抗参数,S 参数称为散射参数。其中,Y 和 Z 参数主要用于集总参数电路,对于集总参数电路分析非常有效,且可以很方便地在电路中测试。但是在分布参数电路(微波系统)中,由于确定非 TEM 波电压、电流非常困难,而且在微波频率下测量电压和电流也存在实际困难,因此在处理高频网络时,等效电压和电流以及有关的 Z 和 Y 参数变得较抽象。而与直接测量入射、反射及传输波概念更加一致的表示是 S 参数矩阵,因此它更适用于分布参数电路。S 参数就是建立在入射波、反射波关系基础上的网络参数,适用于微波电路分析。其以器件端口的反射信号以及从该端口传输至另一端口的信号来描述电路网络。与 N 端口网络的 Z 参数和 Y 参数矩阵类似,用 S 参数矩阵亦能对 N 端口网络进行完善的描述。Z 参数和 Y 参数矩阵反映了端口的总电压和总电流的关系,而 S 参数矩阵则反映了端口的入射电压波和反射电压波的关系。S 参数可以直接用网络分析仪测量得到,可以用网络分析技术来计算。只要知道网络的 S 参数,就可以将它变换成其他参数。

S 参数是微波传输中的一个重要参数。其中,S_{12} 为反向传输系数,表示隔离度;S_{21} 为正向传输系数,表示增益;S_{11} 为输入反射系数,表示输入回波损耗;S_{22} 为输出反射系数,表示输出回波损耗。S 参数完整地描述了传输通道的频域特性,因此在进行串行链路信号完整性(SI)分析时,获得通道的准确 S 参数是一个很重要的环节,信号完整性关注的大部分问题,如信号的反射、串扰、损耗,都可以从 S 参数中提取有用的信息。

对于无源二端口网络,从端口输出的正弦信号一定与输入的正弦信号同频率,关于 S 参数的简单理解在 4.2.1 小节中已给出,此处不再赘述,下文仅给出 S 参数模型、测量网络及相关说明。

二端口网络 S 参数模型如图 9-1 所示。

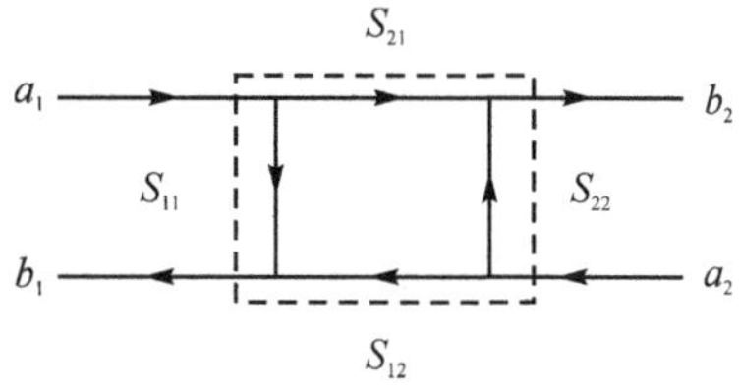

图 9-1　二端口网络 S 参数模型

S 参数测量网络如图 9-2 所示,由图可得:

$$b_1 = S_{11}a_1 + S_{12}a_2 \tag{9-1}$$

$$b_2 = S_{21}a_1 + S_{22}a_2 \tag{9-2}$$

S 参数测量网络可拆分为正向部分和反向部分,如图 9-3 和图 9-4 所示,同理可列出下式:

$$A = S_{11}R_1 + S_{12}R_2 \tag{9-3}$$

$$B = S_{21}R_1 + S_{22}R_2 \tag{9-4}$$

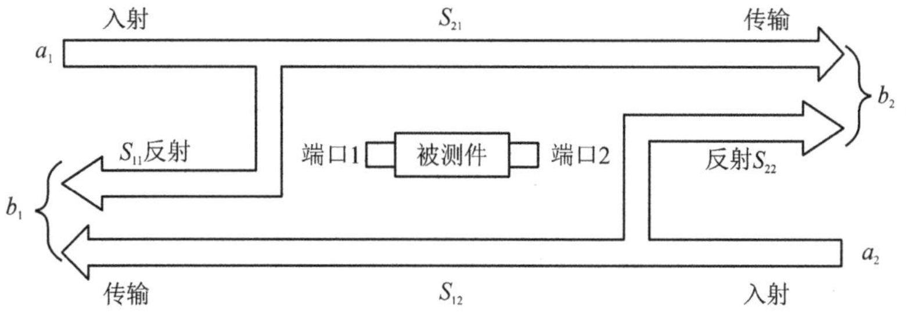

图 9-2　S 参数测量网络

进而可得

$$S_{11} = \frac{\text{反射信号}}{\text{入射信号}} = \frac{A}{R_1}\Big|_{R_2=0} \tag{9-5}$$

$$S_{21} = \frac{\text{传输信号}}{\text{入射信号}} = \frac{B}{R_1}\Big|_{R_2=0} \tag{9-6}$$

$$S_{12} = \frac{\text{传输信号}}{\text{入射信号}} = \frac{A}{R_2}\Big|_{R_1=0} \tag{9-7}$$

$$S_{22} = \frac{\text{反射信号}}{\text{入射信号}} = \frac{B}{R_2}\Big|_{R_1=0} \tag{9-8}$$

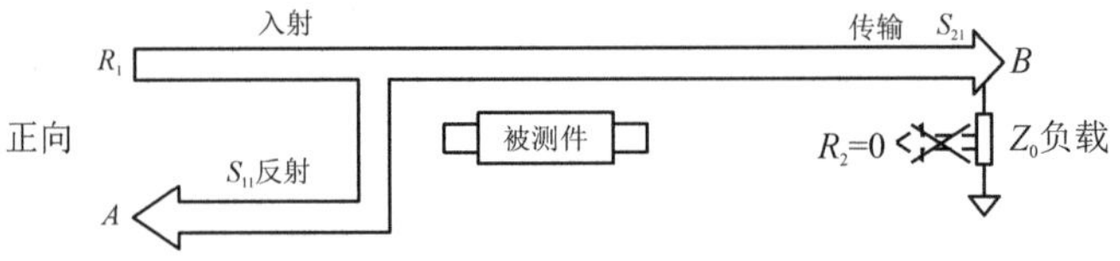

图 9-3　测量网络(正向部分)

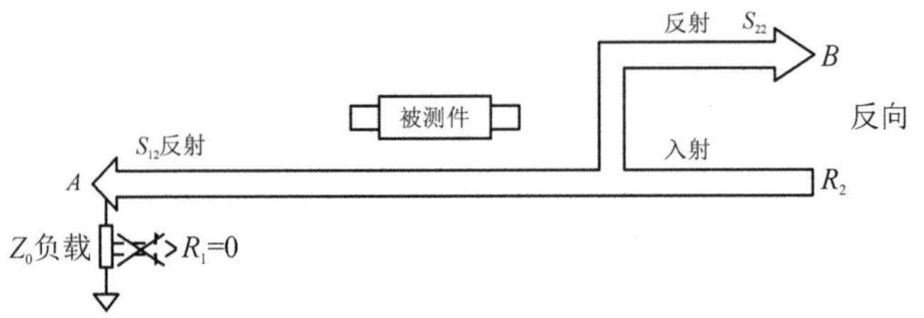

图 9-4　测量网络(反向部分)

式(9-5)～式(9-8)表明,若端口 2 匹配,则 S_{11} 是端口 1 的反射系数,S_{21} 是正向传输系数;若端口 1 匹配,则 S_{22} 是端口 2 的反射系数,S_{21} 是反向传输系数。

对于给定的网络模型,可以使用矢量网络分析仪[1]来测量其 S 参数。矢量网络分析仪能够在短时间内测试许多特性,获取大量信息(如幅度、相位、群时延特性),还可以通过史密斯圆图显示端口的阻抗特性,并且可以在时域中进行测量。它可以根据特定的误差模型进行测量校准并自动修正误差。矢量网络分析仪的理论基础是“黑箱”理论,即通过施加激励信号检测相应的响应信号,再对激励信号和响应信号进行对比分析,最终获得网络外部特性。

那么,S 参数具体有什么作用呢?以天线设计为例,S 参数的应用包括如下几方面。

传输线特性分析:通过测量 S 参数,可以了解传输线的反射和散射特性,进而分析传输线的性能和匹配状况。

微波器件设计:在微波器件设计中,S 参数可以用来评估器件(如滤波器)性能以及天线与馈线系统的匹配程度等。

无线通信系统:在无线通信系统中,S 参数可以用来分析信号的传输特性,从而为优化系统性能、提高通信质量提供依据。

雷达系统:在雷达系统中,S 参数可以用来评估雷达性能,如探测距离、分辨率等。

此外,S 参数是吸波材料性能测试中的核心评估指标。在吸波材料性能测试中,时域门的设置至关重要,其与 S 参数的测量精度和可靠性密切相关。时域门的起始时间可以选择为电磁波传播到吸波材料顶部的时间,而时域门的终止时间选择要保证绝大部分反射波都纳入计算范围,以确保测试的准确性。时域门宽度的设置对于覆盖时域带内的直射波应是最佳的,这对于评估吸波材料的性能至关重要。

本实验中,通过测量滤波器的 S 参数可以得知其性能。例如,通过矢量网络分析仪测得滤波器的 S_{11},可表征滤波器端口阻抗与系统所需阻抗的匹配程度(即驻波比),即输入信号中未能进入滤波器而被反射回输入端的比例;通过测量滤波器通带内 S_{21} 曲线的幅度波动范围(即通带波纹),可表征通带内信号传输的非均匀性。

9.3　实验仪器及器件

本节以北京航空航天大学微波工程实验室现有的设备和器件为例进行介绍，其他设备和器件可以此为参考。本次实验所用仪器和器件有 AV36580 矢量网络分析仪[2]、滤波器、射频同轴电缆以及电子校准器件，如图 9-5～图 9-8 所示。其中，矢量网络分析仪的频率范围是 300 kHz～3 GHz，功率范围是 −85～+8 dBm，功率扫描范围是 23 dB，接收机射频损毁电平是 ±26 dBm(400 mW)，直流损毁电平是 ±30 V。

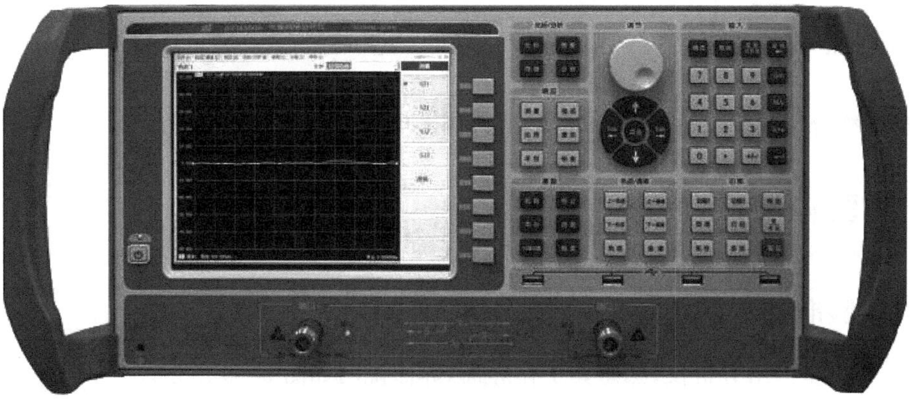

图 9-5　矢量网络分析仪(AV36580)

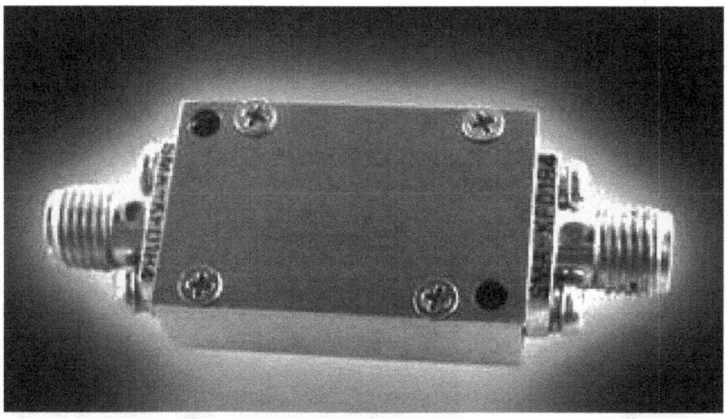

图 9-6　滤波器

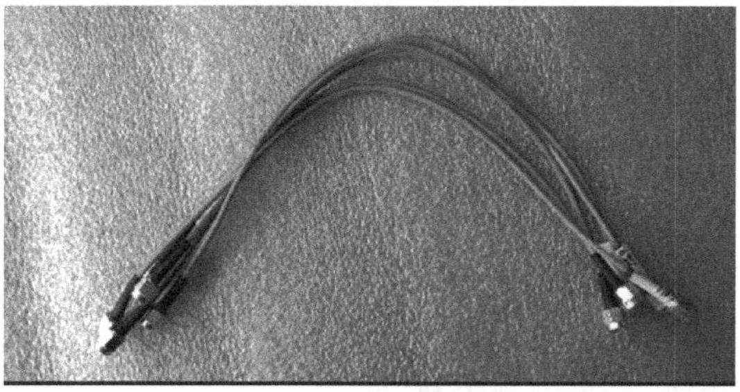

图 9-7　连接线(射轴同频电缆)

图 9-8　电子校准器件

9.4　注意事项

矢量网络分析仪校准后，连接仪器的射频同轴电缆要保持状态不变。

9.5　实验内容及步骤

9.5.1　实验准备

1. 打开矢量网络分析仪，熟悉其工作界面，界面说明如图 9-9 所示。

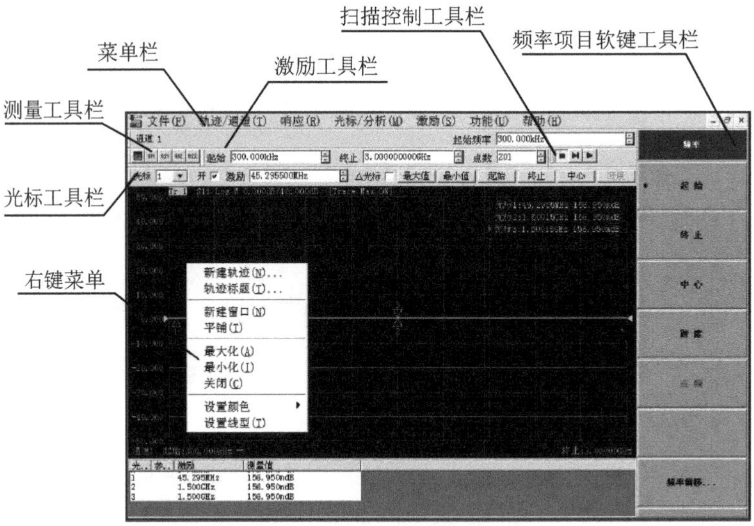

图 9-9　矢量网络分析仪(AV36580)用户界面

2. 矢量网络分析仪进行参数测量时会带有系统误差，因此首先须修正系统误差，该过程即为校准，具体步骤如下。

① 按复位键使仪器复位。

② 设置需要测试的频段，设置宏观参数：

• 设置起始频率，如 100 MHz；

- 设置终止频率；
- 设置扫描点数；
- 设置中频带宽；
- 设置功率。

③ 按测量要求连接仪器，如图 9-10 所示。

④ 设置优化测量。

⑤ 移走被测件，选择校准类型和校准件。

⑥ 根据已选校准类型连接对应的校准件进行测量，矢量网络分析仪计算出误差项并存储在存储器里。

⑦ 重新连接被测件进行测量，在该过程中使用误差修正功能后，误差项的影响将被消除。

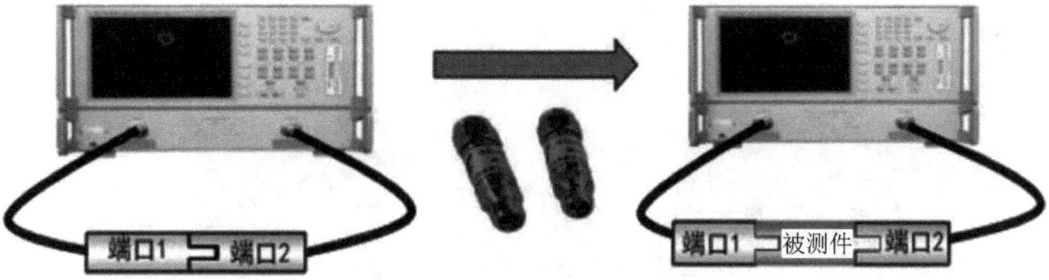

图 9-10　将电子校准器件与矢量网络分析仪相连

9.5.2　测量 S 参数

1. 连接仪器

按照图 9-11 连接仪器。

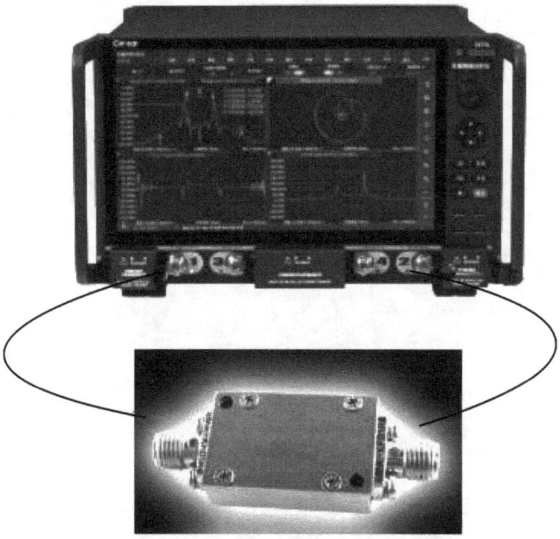

图 9-11　S 参数测量线路连接示意图

2. 测量数据

① 选择测量参数。

② 设置频率范围、信号功率电平、扫描相关参数，具体操作如图 9－12～图 9－15 所示。

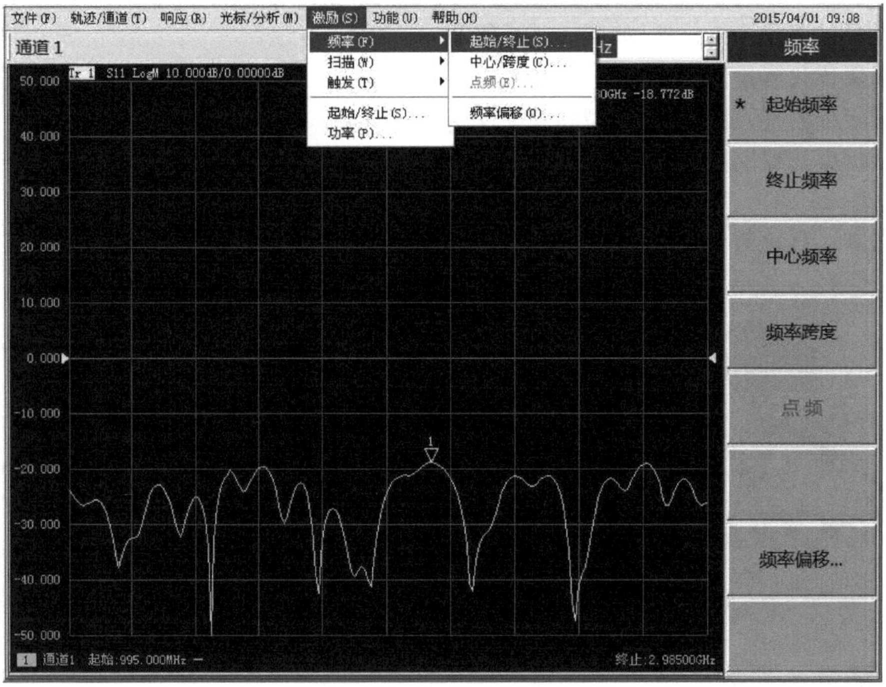

图 9－12　频率设置方法 1

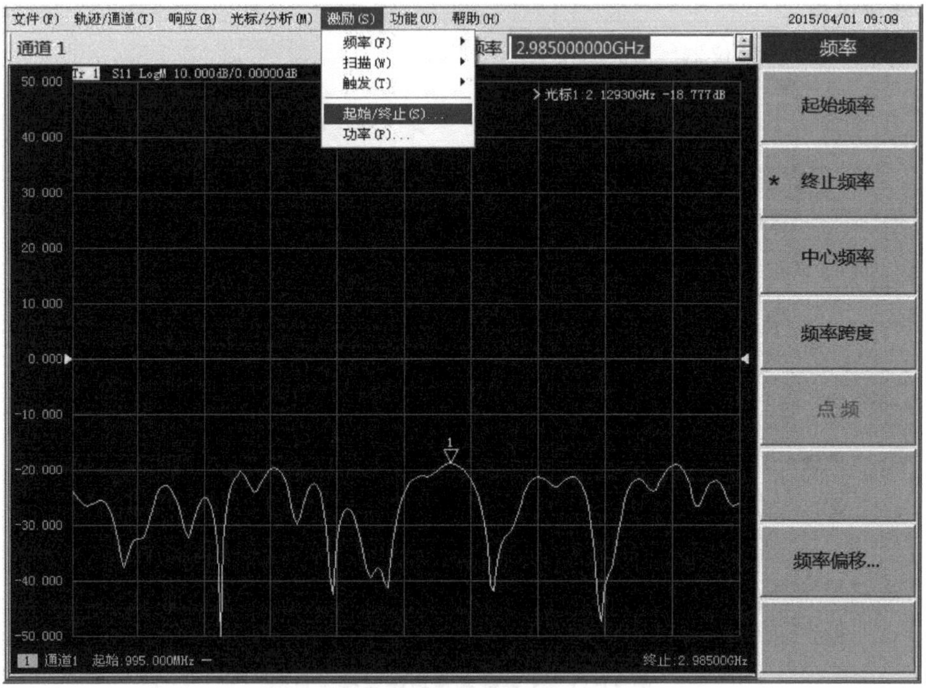

图 9－13　频率设置方法 2

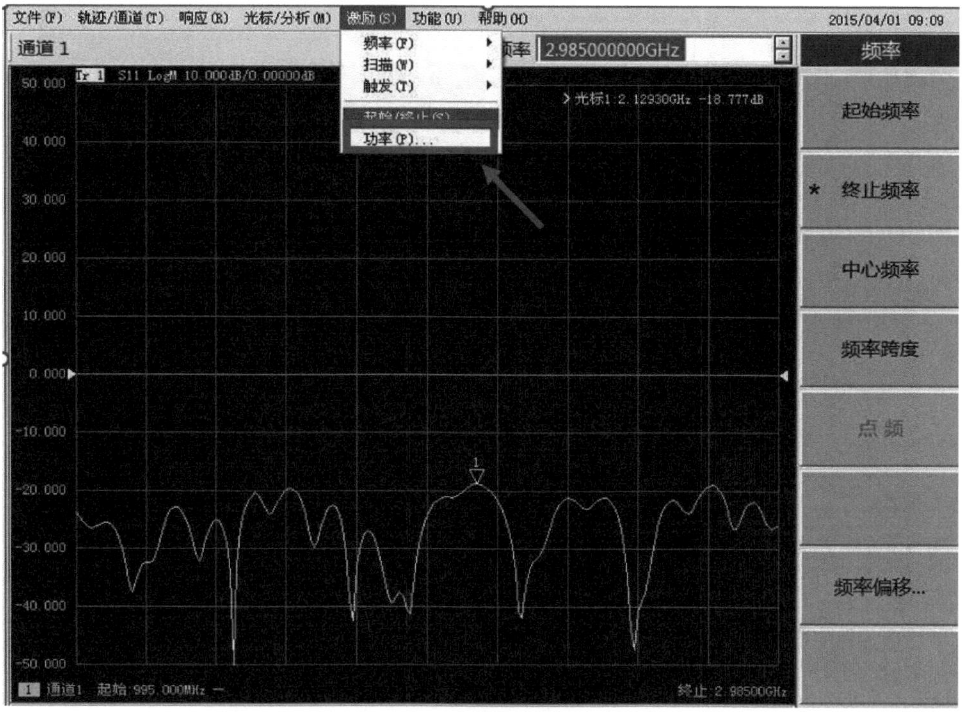

图 9-14　功率设置步骤 1

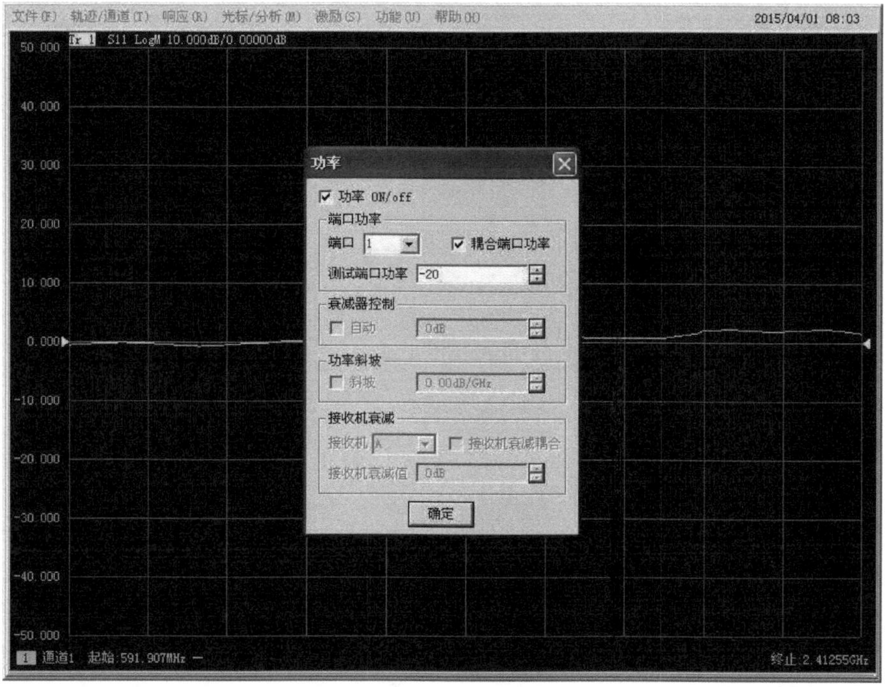

图 9-15　功率设置步骤 2

③ 设置数据格式和比例，具体操作如图 9-16～图 9-17 所示。

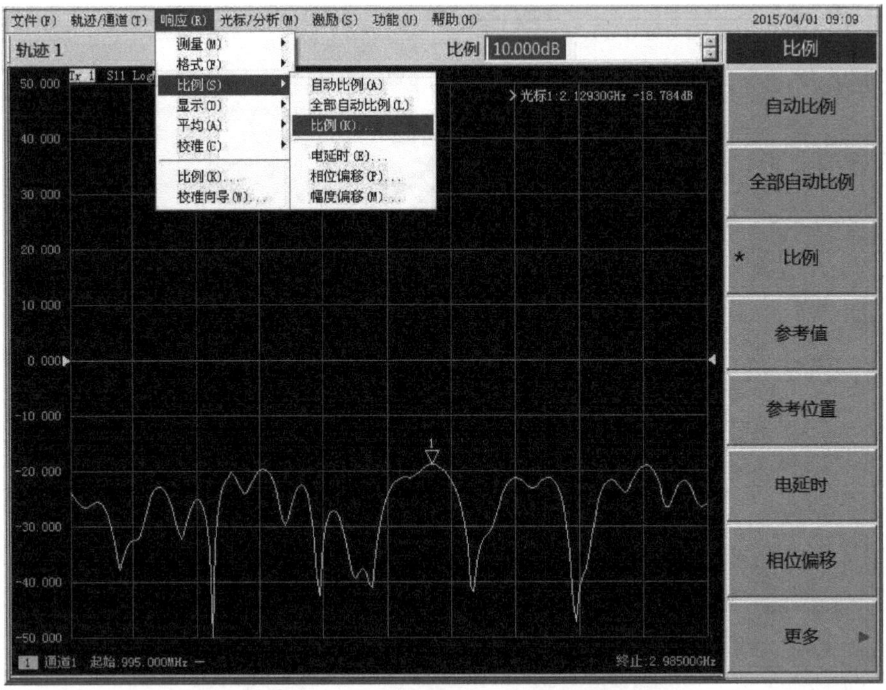

图 9－16　设置数据格式和比例步骤 1

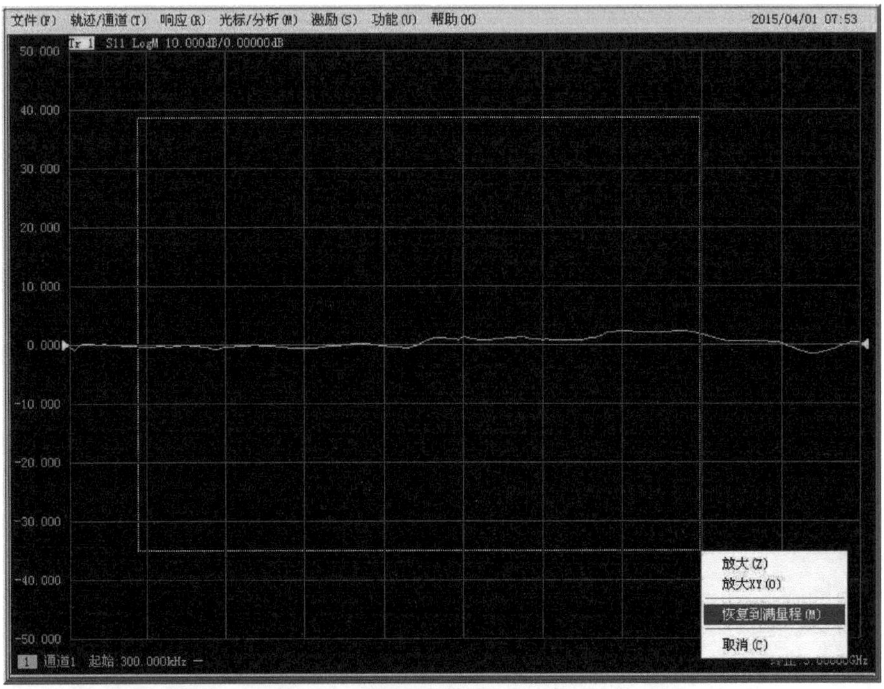

图 9－17　设置数据格式和比例步骤 2

④ 进行测量,显示结果。测量结果显示界面如图 9－18 所示。

⑤ 将测量结果记录在表 9－1 中。

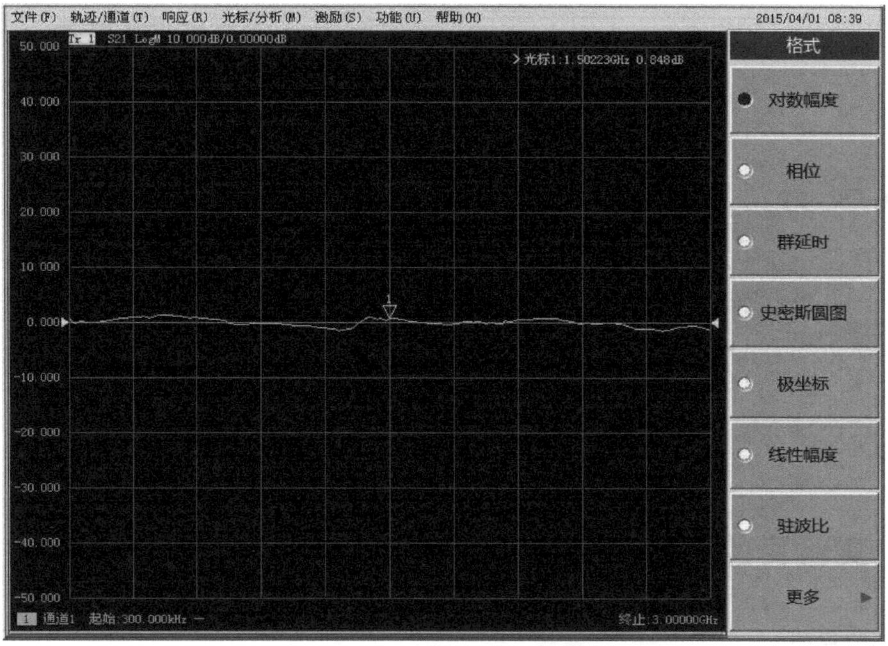

图 9 - 18　测量结果显示界面

表 9 - 1　测量结果记录表

S 参数/dB	频　率				
S_{11}					
S_{12}					
S_{21}					
S_{22}					

【思考题】

1. 各个 S 参数分别对应的物理意义是什么？
2. 如何提高矢量网络分析仪测试的精度？

参考文献

[1] JOEL P. DUNSMORE. 微波器件测量手册：矢量网络分析仪高级测量技术指南[M]. 陈新，程宁，胡雨辰，等译. 北京：电子工业出版社，2014.

[2] 中国电子科技集团公司第四十一研究所. AV36580 矢量网络分析仪用户手册[R]. 青岛：中国电子科技集团公司第四十一研究所，2010.

第10章 示波器测试实验

10.1 实验目的及预习要求

1. 实验目的

(1) 掌握示波器显示波形的原理(显示器、扫描、同步、整步);

(2) 掌握双踪数字存储示波器的使用方法;

(3) 学习用示波器测量交流信号电压、频率和相位差。

2. 预习要求

(1) 示波器主要由哪几大部分组成?

(2) 示波器显示波形的原理是什么?

(3) 模拟示波器和数字示波器的主要区别是什么?

(4) 怎样用示波器测量正弦信号的电压、周期和频率?

10.2 实验原理

示波器最基本的功能是显示电信号的波形。它可以捕捉和显示电压信号的变化情况,并以图形化的方式在显示屏上呈现。通过观察波形的形状、振幅和频率等特征,可以获得关于信号性质和系统状态的重要信息。本实验采用函数信号发生器产生信号,通过示波器观察信号并测量其关键参数。本节将介绍函数信号发生器输出信号的常见波形及其关键参数。

1. 正弦波

图10-1所示为正弦波波形。正弦波的参数包括振幅(amplitude)、频率(frequency)、相位(phase)和周期(period):

振幅是指正弦波在振动过程中偏离平衡位置的最大距离,通常用 A 表示;

频率是指单位时间内一个完整正弦波重复出现的次数,通常用 f 表示,单位为赫兹(Hz);

相位是指正弦波上的点在空间或时间上相对于原点的偏移量,通常用 φ 表示,单位为弧度(rad)或角度(°);

周期是指正弦波完成一个完整振动所需的时间，通常用 T 表示，单位为秒(s)。周期与频率的关系为 $f=1/T$。

2. 方　波

方波的主要参数包括振幅、周期、频率、占空比等，其中振幅、周期和频率的定义可类比正弦波。

占空比是指方波高电平持续时间占总周期的比例，通常以百分比表示。方波波形如图 10－2 所示，此方波的高电平持续时间为 τ，周期为 T，则占空比为 $D=\tau/T\times100\%$。

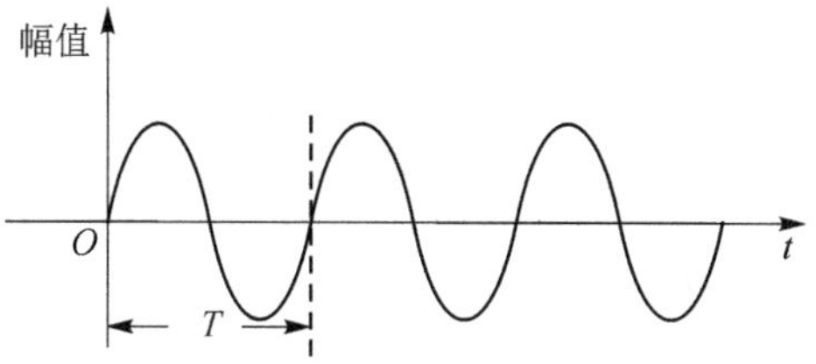

图 10－1　正弦波波形

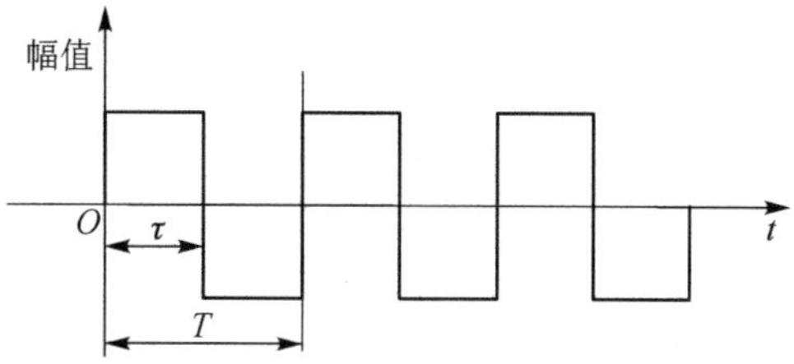

图 10－2　方波波形

3. 三角波

三角波即波形类似等腰三角形的波，如图 10－3 所示。其正向上升与负向衰减的时间相同，相当于提供了 50%的占空比。其主要参数包括振幅、周期、频率等。

4. 锯齿波

锯齿波先线性上升，再陡落，如此往复，波形如锯齿。锯齿波的主要参数有振幅、周期、频率以及对称性等。其中，振幅、周期和频率的定义可类比正弦波。

对称性表示锯齿波上升时间占总周期的比例。锯齿波波形如图 10－4 所示，此锯齿波在一个周期 T 内的上升时间为 2τ，因此其对称性为 $2\tau/T\times100\%$。

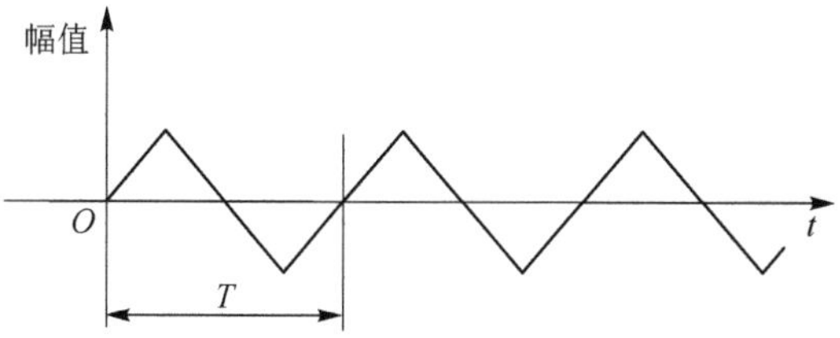

图 10－3　三角波波形

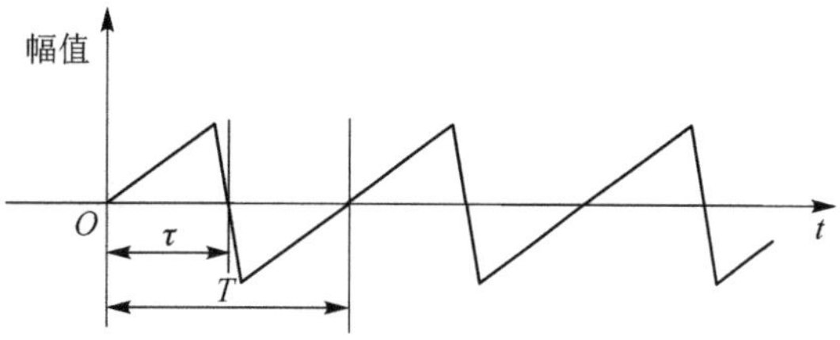

图 10－4　锯齿波波形

10.3　实验仪器

本实验所需主要仪器有双通道信号发生器(DG1022U)、混合信号数字示波器(DS1102D)和数字万用表(UT61A)，实物图如图 10－5～图 10－7 所示。其中，DS1102D 是一种常用的双通道混合信号数字示波器，每通道带宽为 100 MHz，同时具备双通道的模拟信号输入端和 16 通道的数字逻辑输入端。本节简单介绍 DS1102D 示波器前面板中主要部分的作用以及一些操作技巧,更多的功能和调节方法需参阅说明书。

图 10-5 双通道信号发生器(DG1022U)

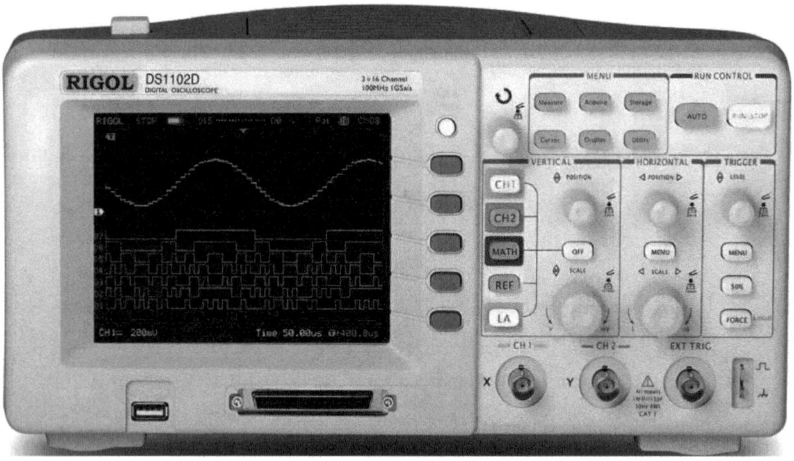

图 10-6 混合信号数字示波器(DS1102D)

图 10-7 万用表(UT61A)

10.3.1　DS1102D 示波器前面板介绍

图 10－8 所示为 DS1102D 示波器前面板主要部分名称，具体功能说明如下。

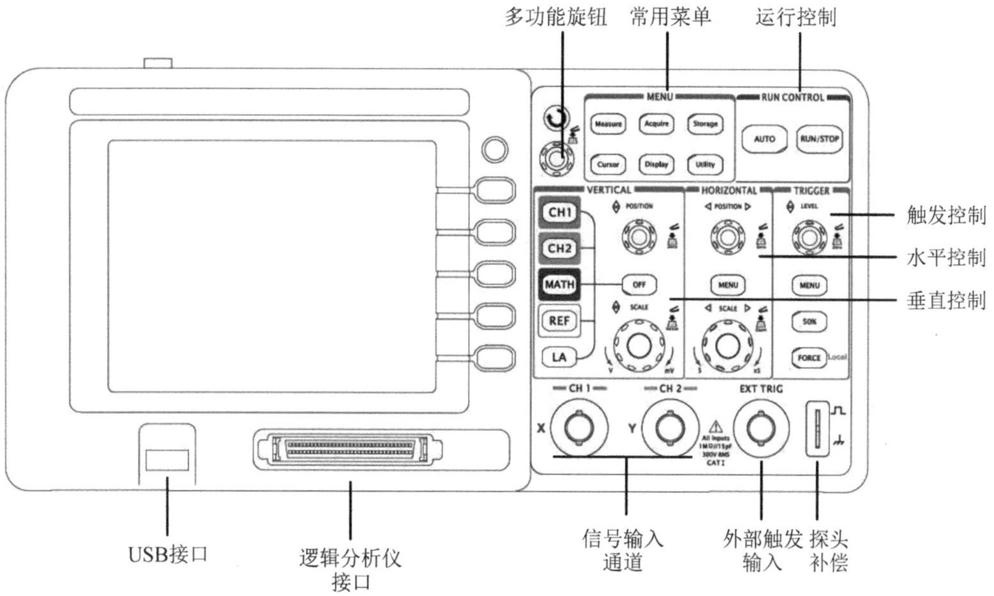

图 10－8　DS1102D 示波器前面板主要部分

① USB 接口。可通过此接口将波形数据和显示屏画面保存至 U 盘。

② 逻辑分析仪接口。即数字逻辑通道部分，提供 16 个数字逻辑通道，用于数字电路实验。

③ 模拟通道。包含 2 个模拟信号输入通道和 1 个外部触发信号输入通道。

④ 探头补偿。包括校准电压输出(⎍)端口及接地端(⏚)。

⑤ 触发控制。LEVEL 为触发电平调节旋钮，MENU 为触发菜单显示按键。

⑥ 运行控制。AUTO 为自动设置模式按键，可使示波器根据输入信号自动调整工作状态，并在显示屏上显示出稳定的波形，该功能适用于针对正弦、三角波等规则函数信号的快速调节。但对于变化较快或较复杂的信号，AUTO 模式下难以保证显示波形稳定，需改用手动调节模式。RUN/STOP 为手动调节模式下的运行/停止按键，按一下示波器开始工作，显示波形；再按一下示波器停止工作，显示屏上的波形不变化。

⑦ 常用菜单。示波器分为两级菜单，常用菜单属于一级菜单，用于选择示波器的工作模式：Measure 为测量模式，Cursor 为光标模式，Acquire 为数据采集模式，Display 为波形显示模式，Storage 为存储模式，Utility 为其他功能模式(如选择工作语言等)。按下常用菜单按键，显示屏右侧的菜单项将发生变化；当前处于哪个工作模式，则哪个按键的绿色背景灯点亮。

⑧ 水平控制。POSITION 为水平位置调节旋钮，按一下可置零，水平位置回到显示屏中央；MENU 为水平模式菜单按键；SCALE 为扫描速度调节旋钮，按一下进入微调状态。

⑨ 垂直控制。POSITION 为垂直位置调节旋钮,按一下可置零,垂直位置回到显示屏中央；SCALE 为电压灵敏度调节旋钮,按一下进入微调状态;CH1、CH2、MATH、REF、LA 为波形显示和选择按钮。例如,要改变 CH1 信号的位置和灵敏度,需要先按一下 CH1 选择该通道,才能通过 POSITION 和 SCALE 旋钮进行调节。若不想显示 CH1 波形,则先按 CH1,再按 OFF 键,可隐藏。

10.3.2 DS1102D 示波器调节出稳定波形的步骤

以被测信号接入 CH1 通道为例说明,可采用两种方法。

(1) 方法一

方法一为自动设置方法,具体步骤如下。

① 将被测信号接入 CH1 通道,按一下 CH1 按键使 CH1 通道工作,CH1 按钮的绿色背景灯点亮。

② 按 AUTO 按键,等待若干秒至波形稳定地显示出来。

(2) 方法二

方法二为手动设置方法。当采用方法一无法得到稳定波形时,须进行手动设置,具体步骤如下。

① 按 CH1 按键,显示屏右侧显示 CH1 菜单,耦合方式选“接地”。

② 通过垂直控制中的 POSITION 旋钮将 CH1 波形调至屏幕中央,显示屏左侧的黄色三角形箭头指在相同位置。

③ 耦合方式选“交流”,调节 SCALE 旋钮将波形的上下边界均限制在显示屏范围内。

④ 按触发控制中的 MENU 按键显示触发菜单,触发源选“CH1”,触发耦合模式选择交流“AC”。

⑤ 调节 LEVEL 旋钮,使触发电平在波形的峰峰值之间,确保显示波形稳定。

⑥ 调节水平控制中的 SCALE 旋钮,使屏幕上显示若干个波形,以便观察和测量。

10.4 注意事项

1. 使用过程中注意信号端口的标识,不要接错信号。
2. 若将电压信号直接接入数字万用表的电流端口,则极易损坏万用表。

10.5 实验内容及步骤

10.5.1 实验内容

1. 用示波器测量信号参数

用示波器可以测定交流信号的电压、频率、周期等多种参数。

(1) 用示波器测电压

调节电压灵敏度 K(V/div)使波形的波峰和波谷都限制在显示屏范围内形成稳定波形,读出波形上任意两点间的垂直距离 y(div),就可根据如下公式计算出两点的电压。

$$U_y = Ky \tag{10-1}$$

若两点正好分别取波峰和波谷，则测出信号的电压为其波形的峰峰值 U_{pp}。若两点分别在波峰（或波谷）和中线，则测出信号的电压为其波形峰值 $U_p = U_{pp}/2$。若信号为简谐波，其电压有效值为

$$U' = U_{pp}/2\sqrt{2} = Ky_{pp}/2\sqrt{2} = U_p/\sqrt{2} \tag{10-2}$$

（2）用示波器测周期和频率

调出稳定波形，再调节扫描速度 t_0(s/div)使显示屏上显示不少于一个周期的波形，读出波形上任意两点间的水平距离 l(div)，就可根据如下公式计算出两点的时间差

$$t = t_0 l \tag{10-3}$$

若两点正好处在相邻的两个波峰（或波谷）处，则测出的时间差 t 即为波形的周期 T。其倒数就是波形的频率，即

$$f = 1/T = 1/t_0 l \tag{10-4}$$

2. 用示波器观察李萨如图形

在水平(x)和垂直(y)方向分别输入频率为 f_x、f_y 的两个简谐信号，显示屏上将显示出这两个信号波形的正交合成振动图形，这种图形称为李萨如图形，其形状与两个信号的频率和相位差有关。若两个简谐信号的频率比为简单整数比 $m:n$($m, n = 1, 2, 3, \cdots$)，且两信号相位差$\Delta\varphi$保持不变，则显示屏上会显示稳定的李萨如图形。在 x 和 y 方向上各画一条不通过李萨如图形中任何一个交点的直线，设 x 方向直线和 y 方向直线与李萨如图形的交点数分别为 m 和 n，则有

$$f_y/f_x = m/n \tag{10-5}$$

若其中一个频率已知，则可用式(10－5)确定另一个未知频率的数值。

10.5.2　实验步骤

（1）参阅资料，复习相关知识

参阅本书和仪器说明书，熟悉示波器各按键和旋钮的名称、功能。掌握调出稳定波形的方法，并判断波形是否稳定。

（2）测量交流信号的电压

① 用函数信号发生器产生正弦信号，用示波器测量信号的电压 U_{pp}，用数字万用表测量信号的电压有效值 U_{eff}。

② 正弦信号频率分别取 100 Hz、1 kHz、10 kHz、100 kHz、1 MHz、10 MHz，用示波器测量波形的峰峰垂直距离 y_{pp} 并调节电压灵敏度 K(V/div)，从而计算信号的电压 U_{pp} 和电压有效值 U'。

③ 将用示波器测量后计算的结果 U' 与数字万用表的测量结果 U_{eff} 进行比较，说明两者存在差异的原因。

（3）测量交流信号的周期和频率

① 正弦信号频率分别取 100 Hz、1 kHz、10 kHz、100 kHz、1 MHz、10 MHz，用示波器测量信号一个周期起始点与截止点的水平距离 L 和扫描速度 t_0，计算信号的周期 T 和频率 f。

② 用数字万用表的频率测量功能测量该正弦信号的频率 f'，并与用示波器测量后计算的

结果 f 作比较,说明两者有差异的原因。

(4) 观察李萨如图形

① 用双通道信号发生器产生两个正弦信号,分别接示波器的 CH1 通道和 CH2 通道,用 $x-y$ 显示方式观察李萨如图形。

② 取 CH1 信号的频率为 1 kHz,改变 CH2 信号的频率和两者的相位差,观察并记录波形,找出水平方向交点数 m 和垂直方向交点数 n,并计算相应的频率。取五个频率比,每个频率比对应取 0、45°、90°三种相位差。

10.6 数据记录与处理

1. 交流信号电压

表 10-1 交流信号电压测量数据记录表

f	y_{pp}/div	K/(mV/div)	$U_{pp}=Ky_{pp}$/V	$U'=U_{pp}/2\sqrt{2}$/V	U_{eff}/V	$\lvert U'-U_{eff}\rvert/U_{eff}$
100 Hz						
1 kHz						
10 kHz						
100 kHz						
1 MHz						
10 MHz						

2. 交流信号周期和频率

表 10-2 交流信号频率测量数据记录表

f	L/div	t_0/(ms/div)	$T=Lt_0$/ms	$f=1/T$/kHz	f'/kHz	$\lvert f-f'\rvert/f$
100 Hz						
1 kHz						
10 kHz						
100 kHz						
1 MHz						
10 MHz						

3. 李萨如图形

表 10-3 李萨如图形交流信号频率数据记录表

相位差			m	n	$f_y=\frac{m}{n}f_x$/Hz	f'_y/Hz
0°	45°	90°				

续表 10 - 3

相位差			m	n	$f_y=\frac{m}{n}f_x$/Hz	f'_y/Hz
0°	45°	90°				

注：f_x=1 kHz。

【思考题】

1. 示波器测得信号幅度与频谱分析仪测得信号幅度的对应关系。
2. 示波器能否测量超出工作频率范围的周期信号？

参考文献

[1] 普源精电科技股份有限公司. RIGOL DS1000E，DS1000D 系列数字示波器数据手册[EB/OL]. (2019-08-29) [2025-02-03]. https://supportcn.rigol.com/Cn/Index/listView/catid/27/tp/2/wd/DS1000E.

[2] 普源精电科技股份有限公司. RIGOL DG1000 系列双通道函数/任意波形发生器[EB/OL]. (2019-08-29) [2025-02-03]. https://www.rigol.com/Images/DG1000_DataSheet_CN_tcm4-2770.pdf.

[3] 中山大学物理学院物理实验教学中心. 中山大学“大学物理实验”课程报告模板[EB/OL]. (2016-02-19)[2025-02-03]. https://spe.sysu.edu.cn/phylab/docs/20180919175459392028.pdf.